U0689852

新零售实践

智能商业时代的零售进阶路径

杜凤林 ◎ 著

国家一级出版社　　中国纺织出版社　　全国百佳图书出版单位

内 容 提 要

自"新零售"概念被提出以来，已引起了越来越多人的关注和讨论，并成为各方研究当前及未来零售业发展态势的切入口和主要方向。新零售不仅仅是"法""术"层面的变化，更是"道"之层面的突破，是一种全新的经营哲学、经营思维。本书立足于新零售时代的商业背景，全面阐述未来零售业的新理念、新模式、新战略与新格局，对零售企业的转型升级提出了许多前瞻性的观察、思考与实战策略，深度揭示了新一代信息技术在零售领域的应用前景，并对传统零售与网络零售的融合之道提供了极具价值的解决方案。

图书在版编目（CIP）数据

新零售实践：智能商业时代的零售进阶路径 / 杜凤林著. —北京：中国纺织出版社，2018.9
　　ISBN 978-7-5180-5219-6

Ⅰ. ①新… Ⅱ. ①杜… Ⅲ. ①零售业—商业模式—研究 Ⅳ. ① F713.32

中国版本图书馆 CIP 数据核字（2018）第 152077 号

策划编辑：曹炳镝　　责任印制：储志伟

中国纺织出版社出版发行
地址：北京市朝阳区百子湾东里 A407 号楼　邮政编码：100124
销售电话：010-67004422　传真：010-87155801
http://www.c-textilep.com
E-mail: faxing@c-textilep.com
中国纺织出版社天猫旗舰店
官方微博http://weibo.com/2119887771
天津千鹤文化传播有限公司　　各地新华书店经销
2018 年 9 月第 1 版第 1 次印刷
开本：710×1000　1/16　印张：14
字数：195 千字　定价：48.00 元

前 言
Preface

2016 年 10 月，阿里巴巴董事长马云在杭州云栖大会上登台演讲时称，纯电商时代已经成为过去，未来十年是新零售的时代。这一观点迅速在海内外社交媒体中引发了广泛讨论，很多零售从业者尤其是实体门店经营者感到相当沮丧，纷纷在朋友圈抱怨："尚未从传统零售成功转型网络零售，怎么又出现了一个新零售？"

电商尤其是移动电商的快速崛起，确实给实体零售带来了强烈冲击，在电商平台经营业绩持续刷新同期纪录衬托下，愈演愈烈的实体店关店潮让实体零售从业者信心大受打击。然而电子商务真的就如火爆的"618""双 11"等电商购物节一般一片繁荣吗？

答案当然是否定的。近几年，电商增速趋缓已经成为一个不争的事实，城市用户规模几近天花板，农村电商基础设施滞后，天猫及京东的"渠道下沉"战略短时间内难以取得实质突破。而跨境电商产业又存在物流成本高、配送效率低、客户体验不佳等痛点。

更为关键的是，消费持续升级背景下，功能及性价比因素对"80 后"及"90 后"群体的影响明显降低，他们尤其强调购物体验，而体验缺失是电子商务自出现以来就未能解决的痛点。被电商从业者寄予厚望的 AR/VR 购物也存在诸多技术难题。零售企业想要在同质竞争与价格战泛滥的惨烈战场中生存下来并不断发展壮大，就必须转型新零售。

"80 后"及"90 后"群体的崛起，使我国的消费结构发生了颠覆性变革，购物消费变得移动化、个性化、碎片化，从大众消费转变为圈子消费，交易主导权回归用户群体。可以说，新零售是新消费时代背景下零售企业为了赢

得消费者认可及信任的必然选择。

在新零售模式中，实体零售和网络零售并非很多人认为的你死我活的对立关系，而是相互融合，共同为消费者服务，以用户思维为导向，专注于为顾客创造价值，渠道一体化、经营数字化、卖场智能化、商品社会化是其四大典型特征。

在新零售风口面前，零售企业需要对思维模式、组织形态、业务流程、供应链管理、仓储配送、交易支付、品牌建设等诸多方面进行改造升级，通过物联网、大数据、云计算、无人零售及智慧零售等新技术与新模式进行零售赋能，在阿里、京东等零售巨头布局未稳之际构筑较高的竞争门槛。

为了抓住新零售带来的重大发展机遇，很多创业者及企业进行了一系列探索实践，但绝大部分项目以失败告终，不但带来了较大的经济损失，也让很多人对新零售模式的价值产生了质疑。在参加新网商峰会、亿邦未来零售年会、中国零售商大会等行业会议过程中，笔者和业内同仁交流沟通时发现，很多国内创业者及零售企业对新零售的概念、内涵、逻辑及玩法等缺乏充分的认识，仅是幻想着成为风口上的那只"猪"而盲目布局，这种情况下，失败几乎是必然的结果。

鉴于此，作为一个互联网观察者、思考者，新零售模式从业者、探索者，笔者在对多年的思考与分析进行深入总结，并结合大量实践案例的基础上，撰写了《新零售实践：智能商业时代的零售进阶路径》一书，冀望能够为读者、电商从业者、实体门店经营者、创业者及零售企业提供一些启示与帮助。

本书共分为新零售篇、落地篇、新物流篇、新形态篇、实体零售转型篇、母婴新零售篇六大部分，对零售企业掘金新零售进行了立体化、全方位、多维度的剖析，争取让创业者及企业都能找到一条真正适合自身的新零售转型路径。考虑到转型新零售模式的复杂性，本书中引用了京东、阿里、ZARA、国美、全森等实践案例，以便为零售从业者提供借鉴经验。令创业者及零售企业饱受困扰的以下问题，都将在本书中找到答案：

互联网时代的零售逻辑发生了怎样的变革？

如何理解新零售的创新内涵与打破边界的本质？

新零售应该采用怎样的运营模式？

如何寻找到供给侧时代背景下的新零售运营路径？

如何打造新零售时代的现代物流体系？

无人零售店的背后隐藏着怎样的逻辑？

如何通过布局全渠道零售让消费者实时购买？

怎样切入大数据零售和智能化零售？

实体零售企业如何进行转型与创新？

……

读者朋友可以通过加入作者个人微信（微信号：18811028108），或者通过给作者写信（邮箱：778650509@qq.com）的方式，进一步与本书作者交流互动，欢迎读者朋友就新零售领域的一切问题与本书作者进行进一步的交流学习探讨。

新零售时代序幕已经悄然拉开，在前所未有的重大发展机遇面前，无论是实体零售企业，还是电商企业，都需要自我革新、拥抱变化，积极投身于新零售转型变革浪潮之中，通过率先布局抢占先机，争取在新零售万亿级风口中夺得一块较大的市场蛋糕。

目 录
Contents

▍ Part 1　新零售篇：一切以消费者体验为核心

第1章　消费者主权：互联网时代的零售逻辑 / 002

消费者主权：新消费阶层的崛起 / 002

个性化消费：以用户体验为核心 / 004

零售新思维：从粗放型到精细化 / 006

技术变革：从零售 1.0 到零售 4.0 / 009

第2章　重构新秩序：揭示新零售的创新内涵 / 011

新零售变革：引领传统零售转型 / 011

零售新主体：摆脱单一零售角色 / 013

产出新内容：构建极致服务体验 / 014

组织新形态：满足即时购买需求 / 016

经营新理念：为消费者创造价值 / 017

第3章　新零售本质：打破电商与实体的边界 / 020

电商零售与实体零售的相互赋能 / 020

场景体验下实体零售的新机遇 / 022

国内零售巨头如何看待新零售 / 024

零售企业应该如何布局新零售 / 026

多点＋物美：新零售的探索实践 / 029

┃ Part 2　新模式：新零售落地的实践路径

第 4 章　运营模式：颠覆传统零售的创新思维 / 032

新零售与传统零售经营模式的区别 / 032

新零售方法论：新零售 = 商品 × 人 / 034

消费升级：新零售模式的主要优势 / 035

经营创新：新零售的运营实战策略 / 037

模式实践：新零售的三大运营策略 / 039

盒马鲜生：新零售模式的实践探索 / 044

第 5 章　实践法则：新零售落地的五大关键点 / 047

渠道拓展：丰富消费者购物场景 / 047

技术应用：改变传统的零售形态 / 049

支付体验：确保交易流程快捷化 / 050

物流响应：实现最后 1 千米配送 / 052

品牌交互：精准对接消费者需求 / 053

第 6 章　供给侧时代背景下的新零售运营路径 / 055

释放新动能：新零售推动经济发展 / 055

价值链重构：促进供给与需求平衡 / 057

流通创新：有效提升商品流通效率 / 059

需求驱动：零售渠道由对立到融合 / 062

生产变革：打造柔性化供应链体系 / 063

消费升级：满足消费者多元化需求 / 065

国内新零售如何应对全球化竞争 / 066

┃ Part 3　新物流：决战新零售最后1千米

第 7 章　新物流：新零售时代的现代物流体系 / 070

新零售给物流业带来怎样的变化 / 070

新物流：新零售发展的核心驱动力 / 072

智慧物流：构建现代物流信息体系 / 074

仓配一体化：打造电商物流新生态 / 076

模式比较：京东物流 VS 菜鸟物流 / 078

第8章　战略布局：新零售与新物流的融合之道 / 081

构建交易一体化，实现零售智能化 / 081

强化人才梯队，提升物流响应速度 / 082

建立分布式仓储网，拓展覆盖范围 / 083

布局同城配送网络，发展逆向物流 / 084

重塑品牌体验建设，实现服务协同 / 086

Part 4　新形态：智能商业时代的零售新物种

第9章　无人零售：体验经济下的便利店革命 / 090

无人零售：资本追逐下的新风口 / 090

无人便利店的业态模式与新玩法 / 093

供应链管理：无人店制胜的关键 / 096

无人便利店模式面临的主要挑战 / 099

传统零售如何借鉴无人店模式 / 101

第10章　全渠道零售：真正实现随时随地购物 / 104

全渠道战略：打通线上线下壁垒 / 104

国内企业的全渠道战略布局现状 / 106

企业实施全渠道战略面临的障碍 / 107

全渠道零售模式落地的运营策略 / 109

全渠道零售环境下的营销新法则 / 112

零售企业转型全渠道的实现路径 / 114

第11章　智能化零售：物联网时代的零售实践 / 118

实践1：与顾客建立亲密关系 / 118

实践 2：全流程监控商品流通 / 121

实践 3：实现分销渠道扁平化 / 122

实践 4：企业供应链优化运营 / 124

实践 5：拓展全新的利润渠道 / 126

实践 6：开启智能化零售时代 / 127

第 12 章 数字化零售：大数据驱动的零售升级 / 131

大数据战略：精准重构人、货、场 / 131

精准营销：深度挖掘用户消费需求 / 133

智能决策：提高经营管理的科学性 / 136

会员管理：创建客户关系管理体系 / 138

O2O 整合：打造零售闭环生态系统 / 140

企业布局：有效实现大数据的价值 / 141

实践案例：ZARA 的大数据运营策略 / 143

▌ Part 5 新零售时代：新零售时代的实体零售转型实战

第 13 章 新实战：新零售环境下的实体零售转型与创新 / 148

坚持商品为王，创新零售业态 / 148

创新店铺环境，营造体验氛围 / 150

注重技术应用，变革经营模式 / 151

开展精细管理，创新营销手段 / 154

搭建新型合作，拓展全新领域 / 156

第 14 章 国美：坚持实体零售，推进 O2O 融合 / 159

重视门店业务，坚持线下布局 / 159

坚持主营业务，稳健推进转型 / 161

深化门店改革，聚焦盈利改善 / 162

国美推进 O2O 融合的转型之路 / 165

国美在 O2O 领域的战略与布局 / 167

第 15 章　新零售时代：日本便利店的转型策略 / 169

　　7-11：优化门店运营，提升运营效率 / 169

　　全家：整合业务资源，强化食品品类 / 171

　　罗森：探索下一代便利店的运营路径 / 172

Part 6　母婴新零售："互联网+母婴"方法论

第 16 章　"互联网 +"时代母婴零售的变革与实践 / 176

　　迭变之路：母婴零售 1.0 到 4.0 时代 / 176

　　"互联网 +"时代下的母婴发展趋势 / 178

　　"互联网 + 母婴"模式的探索与实践 / 179

　　消费升级浪潮下的跨境母婴电商崛起 / 182

　　回归本质：母婴电商企业的运营技巧 / 184

第 17 章　新零售时代的母婴实体店如何突围 / 187

　　新零售环境下的母婴实体店变革策略 / 187

　　传统母婴门店的运营痛点及解决方案 / 189

　　制订基于阶段性经营目标的促销方案 / 191

　　建立基于用户行为的母婴店数理模型 / 194

　　母婴实体店如何构建 O2O 生态闭环 / 197

第 18 章　大数据时代母婴零售的新玩法 / 200

　　大数据时代下的母婴产品与服务创新 / 200

　　精准定位：建立品牌的市场竞争优势 / 202

　　数据运营：实现母婴企业精细化管理 / 204

　　大数据在母婴电商企业中的应用实践 / 206

　　基于大数据的母婴电商引流运营攻略 / 208

Part 1

新 零 售 篇：

一 切 以 消 费 者 体 验 为 核 心

第1章　消费者主权：
互联网时代的零售逻辑

▌消费者主权：新消费阶层的崛起

随着网络科技的高速发展，电商行业迅速崛起，人们的消费方式也发生了巨大的变化。现在，很多消费者习惯于先到实体店对产品进行体验，然后去网上购买，有些人已经很少去实体店购物了。不少商家认为，电商的迅速发展冲击了传统零售，但他们关注的只是表面，事实上，是新时代的"消费变革"给传统零售的发展带来了严峻的挑战。

2016年，中国社会各方面都发生了巨大的变化。人们的日常生活仿佛和手机绑定到了一起，手机在线看视频、手机网上购物、移动支付等，人们会为了买到一部小米智能手机而激动不已。短短一年的时间里，智能手机在国内得到普遍应用，成了人们日常生活中不可缺少的一部分。如今，手机的便利性已经得到了市场的认同，通过移动端消费，费者可以随时随地购物，这些因素都对零售业的发展产生了重要影响。

◆科技主宰型消费者崛起

当前，消费者可以随时随地地通过手机或者电脑在网上购买自己中意的商品，不必像过去那样要去逛商场，需到指定地点，并提前规划时间。而且，消费者在选择产品时，更加重视亲朋好友或者其他消费者的购物建议，通过互联网、社交媒体等与其他消费者沟通，聚集成社群。

现在引导市场消费方向的已不再是商家，而是消费者。当前，消费者通过网络渠道可以获取更多的信息，他们除了能够获取自己所需的内容之外，还能进行内容生产与传播。许多专业人士认为，新的购物方式在互联网的参与下逐渐形成。所以，在很多情况下，商家要与众多消费者组成的社交消费群打交道，而不单单是消费者个体。

日益发达的信息技术，使人们成功打破了时间和空间因素的限制，现如今，消费者能够充分发挥自身的能动性，通过查询、分享、评价，在自己的消费圈子中获得和传播商品信息。传统模式下，人们传播信息的渠道十分有限，如今，新的传播模式逐渐取代了传统模式，在进行品牌推广过程中，商家要更加注重通过社交媒体实现品牌价值理念的传播。

此外，在遇到消费欺骗时，消费者不仅可以通过媒体曝光来维护自身的利益，也可以利用自己的"消费圈子"打击不良商家，与此同时，优质品牌也可通过圈子的传播，形成口碑效应，提高自身的影响力。

◆新消费阶层购物碎片化、场景化

线上销售的快速发展得益于消费者组成结构的变化。随着时间的推移，"80 后""90 后"及"00 后"成长起来，这些新一代的年轻人是伴随互联网的发展长大的，他们对互联网非常熟悉，能够通过多元化渠道获取信息，以商圈形态存在于市场上。

现在，"80 后""90 后"已经为消费主力军。这些年轻人更喜欢新潮的东西，为人处世也比较喜欢特立独行。而商家必须重视消费人群的喜好，根据消费者的需求开展运营，对传统的零售模式进行改革。

伴随着互联网科技的迅速发展，后经济时代已然来临。消费者的个体意识逐渐增强，已经无法满足他们日益变化的需求，越来越多的消费者追求更高层次的自我价值实现。商家仅仅依靠价格优势难以获得消费者的关注，只有满足消费者不断提升的购物需求才能扩大自身商品的市场空间。在这种市场环境下，实体店商不应再固守传统模式，只有推陈出新，采用新的模式，满足消费者不断变化的需求，才能获得消费者的青睐。

◆产品扩散渠道从影响力转变为分享力

在传统模式下，商家通过广告进行产品宣传，吸引人们的关注，激发其消费欲望，企业则可进行商品销售。如今，企业采用传统推广方式仅限于发

掘首批用户，体现品牌的影响力。如果这批用户在消费之后认可企业的产品，就可能成为其忠实用户，自发参与到品牌推广中，以分享方式提高品牌的知名度。在此趋势下，企业应该突破传统思维，积极革新品牌推广方式。

互联网的影响已渗透到人们生活的方方面面，改变了人们的消费习惯与消费行为。如今，消费者不仅能够在实体店选购商品，还可进行网购，随时随地通过网络渠道满足自身的个性化需求。与此同时，社交媒体成为用户传播信息的重要平台，为了更好地适应这种变化，企业也要进行转型。

如今，企业在保证自身产品质量的基础上，还要采取合适的营销策略。在营销推广方面，企业可通过网络渠道进行宣传，也可以在朋友圈传播，无论是哪种方法，企业都要认真聆听顾客的意见，在网络空间树立良好的形象。因此，企业需改革传统思维，对消费者的需求进行分析与把握。

综上所述，在科技发达的今天，消费者已经能够打破时间和空间的限制，随心所欲地购买自己想买的商品，新的零售变革正在发生，而这场变革的根本动力就是消费者需求的变化，商家应该积极创新经营模式，满足消费者的需求，使自身运营得到消费者的认可。

▌个性化消费：以用户体验为核心

随着社会生活和居民收入水平的不断提高，消费主权时代的到来，越来越多的消费者已不再满足于基本的物质性、功能性需求，越发青睐个性化、多元化的消费形态。这一消费升级的大背景为新零售发展提供了巨大的牵引力。

当前来看，18～35 岁的新生代、上层中产和富裕阶层是我国内需消费的主体人群。这些消费者追求高品质的生活方式，不仅注重商品和服务质量，更希望从产品或服务中获得更高层次的个性化的价值体验，从而使得以往标准化、"排浪式"的消费模式逐渐被个性化、多元化的消费形态取代，其消费行为具有广泛性、个体性、情感性、多样性、差异性、易变性、关联性等特点。

当前，消费者更加注重自身的个性化需求，希望买到的商品能够彰显自己的个性，即购买的产品不仅要实用，还要具备差异化特征。所以，那些独具特色的、能够让消费者眼前一亮的产品或者服务，更容易受到他们的青睐。从这个角度来说，商家只有使自己的产品和服务带给消费者独特的个性化体验，才会得到消费者的认可，并将其培养成自己的忠实用户。

另外，产品的设计、生产等环节已经不再由商家独自完成，消费者也开始参与到产品生产的各个环节中，商家通过互联网渠道，收集消费者对产品的意见及建议，据此进行产品设计、安排生产，在定制产品价格时也会参考消费者意见。所以，商家应该改变以往的生产销售模式，让消费者更多地参与到商品生产与销售的各个环节，充分满足消费者的个性化需求。

个性化消费需求包括三个特点：

（1）注重深层次的心理情感需求的满足，追求消费中的个性化和趣味性。

（2）注重商品或服务内在的"质"的因素，如时尚性、独特性、安全性等。

（3）注重消费过程中的文化内涵，如商品的观赏价值、艺术价值、文化特质等。

多元化消费需求则主要体现在两个方面：一是不同个体消费需求越来越差异化；二是同一个体在不同领域或生活场景中消费需求的差异化。

消费者同商家的关系将会更加密切，他们之间的纽带已经不只是产品的价值，两者之间会有更多的交流互动，商家的产品或者服务也会更多地满足消费的个性化需求。在互联网科技发达的今天，商家想要获得消费者的认可，就要积极改革以往的经营与销售方式，增加与消费者之间的互动。

近十年来，传统企业与互联网企业之间展开激烈的竞争，这期间，实体经济面临巨大挑战，不少企业纷纷倒闭。目前，许多零售企业都受到电商行业发展的影响，出现顾客减少的情况。此外，房租不断上涨，人工成本上升，生产成本也不断增加，实体店的利润空间被压缩，势态衰微，使企业发展陷入困境。

与此同时，电商行业的发展也并非一帆风顺。数据统计显示，从2007年到2017年，电商数量减少了48%，电商的利润所得与股价都呈下降趋势，电商企业在发展过程中也面临诸多困难。在此趋势下，实体商家将转向线上

渠道，电商企业则开始进行线下渠道的拓展。随着移动互联网的高速发展与普遍应用，企业可以将不同渠道的运营融为一体，新零售便应运而生。

移动互联网时代下，用户的个性化需求得到重视。随着手机等智能终端设备的普遍应用，企业能够获取用户的相关信息，并据此实施精准化营销。另外，高速发展的互联网及移动互联网为用户之间的沟通互动提供了有效的平台支持，经济与社交之间的联系越来越紧密。

联结是互联网价值的集中体现，从这个角度出发分析，互联网的发展经历了三个时期。在传统 PC 时代下，互联网为人们提供了便利的信息搜索渠道，在人与信息之间建立起联结关系。在电商时代下，人们可通过天猫、京东等电商平台进行网上购物，互联网在人与商品之间建立起联结关系。在社交时代下，不同用户之间可通过网络平台进行沟通互动，互联网在人与人之间建立起联结关系，人们可通过多元化渠道获得商品及企业的相关信息。

▌零售新思维：从粗放型到精细化

随着我国整体经济进入新常态的发展阶段，不论是传统零售业自身发展还是消费者需求方面都出现了重大变化，因此，需要企业创新零售运营思维与路径，打造新常态下的"新零售"模式。

改革开放以来，我国传统零售业大致经历了个体户、零售实体店、零售连锁和加盟形式的快速扩张等发展阶段。然而，随着我国总体经济持续下行、人口红利逐渐消失以及电子商务的迅猛崛起，传统零售业面临着巨大的冲击挑战，陷入生存发展困境。

除了电商零售的巨大冲击，传统实体零售业自身也日益呈现出多元化的业态格局：立足周边社区的中小型超市以及购物中心、便利店、仓储式商场等新型零售业态不断涌现并快速普及，传统大型百货商场和超市的数量则逐年减少；同时，零售业态结构设计更加以消费者为中心，贴合地区消费者的消费理念、消费水平和消费习惯，从而使零售网点和渠道的搭建更具地域性和多样性的特点。

此外，新常态下传统零售业发展还面临着以下问题：

（1）企业管理者固守传统运营思维，没能及时进行营销、产品、服务、管理等各类知识的更新，不能全面深刻把握互联网新常态下零售业态结构、市场需求、消费者行为习惯等方面的巨大变化，产业运营模式的优化调整和转型升级迟缓，导致企业效益不断下降。

（2）商业模式辨识不清，管理模式陈旧。很多传统零售企业面对O2O、全渠道等创新性的商业模式无动于衷，固守以往的管理与运营模式，没有看到全球零售业产业结构的巨大变革，自然也不会积极拓展多渠道运营合作，构建"优化—整合—创新—再优化"的新零售路径，并在此过程中实现更清晰明确的产品与服务内容定位。

与零售业的不同发展阶段相对应，人们的消费行为、习惯、偏好等在不同时期也呈现出巨大差异。新常态下，随着具有浓厚互联网基因的"85后""95后"甚至"00后"成为消费市场的主流群体，线上零售迅猛崛起，消费市场越发呈现出多元化、个性化、场景化、互动性、娱乐化的特点。

不过，线上零售与传统实体零售并非"你死我活"的完全对立关系，而是在对立中协作统一，各自拥有独特的竞争优势：线上零售具有便捷性、高效性、多元选择的优势；实体零售在场景性、体验性、服务性方面则具有不可替代的价值，两者的协同统一才能为消费者提供更好的购物体验。

因此，电子商务的迅猛发展、消费升级背景下的新消费诉求等，并不意味着传统实体零售的"末路"，而是要求传统零售企业围绕新的消费需求，变革以往粗放型的零售经营方式，积极探索更加符合新常态市场和消费者需求的"新零售"模式。

互联网基础设施的普及成熟为我国民众提供了便捷高效的线上购物渠道和优质的消费体验，极大刺激了人们的购物欲望，从而深度释放出内需消费市场，为我国零售业乃至整个国民经济都带来了更大的发展想象空间。总体来看，新常态下我国零售业将向着智慧零售的方向发展变革。

我国电子商务经过近二十年的发展沉淀，当前已到了发展拐点，需要探索新的运作思维与模式。一方面，随着电商市场的发展成熟，传统大型综合电商平台主导的电商模式向着跨境电商、生鲜电商、母婴电商、农村电商等

垂直电商的方向转变，这些细分电商的崛起大大拓展了网络购物市场的发展空间。

同时，消费升级背景下，人们对商品品质、安全性和整体服务体验等提出了更高要求，电商零售平台单纯依靠低价优势越来越难以吸引和留存消费者，人们迫切希望获得一种兼具网络购物的高效便捷性和线下购物服务性、体验性优势的全新零售模式。

这一情况下，电商零售布局线下服务以及实体零售拓展线上渠道就成为必然，两者的结合将创造出一种全新的智慧零售形态：打通融合线上线下渠道，为消费者提供不同场景无缝对接的一体化购物体验，充分满足人们在产品品质、服务体验等方面的多元个性的消费诉求。

在全球经济增长乏力和电子商务的巨大冲击下，全球实体百货零售陷入发展困境，即便是沃尔玛、玛莎百货、梅西百货等全球零售巨头也避免不了大规模闭店的命运；同时，具有浓厚互联网基因的年轻群体逐渐成为消费主体，对零售行业发展产生越来越大的影响。这一背景下，越来越多的零售巨头开始探索多元化的业态布局，从单纯的零售竞争上升为碎片化场景下的消费资源争夺，从而推动传统零售向着多元化的新零售业态变革转型。

与发达国家相比，我国实体零售整体发展水平较为滞后：内部发展不均衡、流通效率低下、缺乏具有全球知名度和影响力的顶级零售品牌、盈利模式存在诸多问题等，从而使得我国实体零售受到电子商务的冲击更大。

另一方面，随着我国整体经济逐渐向内需驱动的方向转型升级，民众消费升级的趋势越发明显。麦肯锡的研究则进一步指出，随着我国城市消费群体规模和收入水平的持续增长，到2030年国内700座城市将释放出7万亿美元的消费需求，占全球消费市场增量的30%；同时，到2030年我国人均消费支出将达到10700美元，意味着世界每1美元的城市消费支出中就有12美分是我国消费市场贡献的。

消费升级背景下，居民的消费理念、购买能力、消费品类和次数、对商品品质的要求等发生重大变化，需要商家能够全面获取用户的需求、痛点、偏好等消费信息，实现精准化运营以及人、货、场的统一管理。

▌技术变革：从零售1.0到零售4.0

一方面，随着我国整体经济发展模式向内需驱动转型，如何有效激发巨大的人口红利，促进零售行业持续健康发展，已成为相关各方关注的重要议题；另一方面，社会生活水平的不断提高为零售业拓展出更广阔的发展想象空间，使近些年我国零售业特别是网络零售呈现蓬勃发展之势，且各种创新性的零售业态层出不穷，加快了零售产业的发展成熟。

当前，新零售已成为我国零售业最火爆、最受瞩目的零售理念，也是消费升级背景下传统零售转型升级的重要方向。下面我们将从新零售的两大驱动力以及新零售区别于传统零售的五大"新元素"等角度切入，分析国内新零售现状，以更好地促进新零售这一创新业态的成长成熟。

2016年10月马云第一次提出"新零售"概念，随后的"双11"活动期间阿里集团CEO张勇首次对新零售进行了系统阐释，指出新零售是基于大数据、云计算等先进的互联网信息化技术，对传统零售中的人、货、场等商业要素进行重构形成的一种全新的零售业态。

2017年4月，马云在IT领袖峰会上再次提到新零售并对其进行了详细阐释：新零售是基于大数据、云计算等先进技术，有机融合线上线下零售业态，并以智慧物流系统为支撑的一种创新零售形态，是未来零售业发展的必然趋势。

宏观来看，新零售是在技术升级和消费升级的大背景下产生的，因此，对新零售的理解也应以这两大驱动力为基础。

随着互联网成为社会基础设施，云（云计算、大数据）、网（互联网、物联网）、端（PC端、移动端、智能穿戴设备、传感器等）搭建出的"互联网＋"为新零售提供了坚实的技术支持。

在以消费者为中心的体验经济时代，商家主要是基于大数据分析与顾客进行有效互动，积极利用先进的信息技术推动零售商业过程向着顾客深度参与的方向发展。这一历程大致可分为以下四个阶段：

（1）零售 1.0。零售店铺引入 POS（Point of Sale，销售时点信息）系统，获取顾客基础数据，并借此建立起门店会员制度。

（2）零售 2.0。以互联网信息化技术为依托，零售商积极利用各类移动终端和社交媒体收集消费者的多维度信息，对消费者进行精准画像。

（3）零售 3.0。借助日益发展成熟的近场感应终端、应用场景定位、虚拟试衣镜、传感器、大数据、移动终端等智能技术和设备，优化完善线下应用场景布局，推动人与设备的实时对接交互。

（4）零售 4.0。云、网、端深度融合构建"物联网＋零售"的智能化零售业态。主要是依托远程无线技术和广泛分布的传感器、智能终端设备等构建物联网，实现信息的实时双向传输交互，让消费者始终处于智能设备覆盖范围之内，从而使零售商可以从互联互通的零售系统和智能设备中有效获取消费者的各种数据和实时动态信息，进而利用零售智能系统优化消费者整体零售体验，构建智慧化、数字化、一站式体验的新零售业态。

从我国零售业整体发展来看，当前正从零售 2.0 向零售 3.0 跨越，越来越多的零售企业已经迈入 3.0 时代：依托场景服务运营商提供的"互联网＋"整体解决方案，通过全面覆盖的 Wi-Fi 网络和 i-Beacon 应用准确定位消费者实时场景，并利用近场感应终端、传感器等技术对消费者购物全流程进行实时追踪。

未来，随着物联网技术的发展成熟以及与零售业的深度融合，我国零售业的技术应用将进入"物联网＋零售"的智能化、自助化阶段，零售业服务边界不断拓展，线上线下无缝对接融合的新零售将成为零售业的主流形态。

以天猫新零售平台为例，借助云计算、大数据、人工智能等互联网底层技术，搭建全新的零售商业基础设施，有效链接整合品牌商、供应商、分销商、服务商等零售业生态伙伴，推动零售业态向着智能化、自助化的方向发展，对合作伙伴进行全面赋能，实现与消费者的全新对接与交互。

总体来看，互联网、物联网等信息化技术的不断发展升级为新零售的产生提供了土壤，也推动着新零售沿着上述四个阶段不断成长成熟，成为新零售的发动机。

第2章 重构新秩序：
揭示新零售的创新内涵

新零售变革：引领传统零售转型

"新零售"概念是马云在 2016 杭州·云栖大会上首先提出的，是以大数据、云计算等先进技术为依托，立足于成熟完善的互联网基础设施和智慧物联网系统，打通融合线上线下消费场景并结合现代物流服务，实现物流、金融、大数据、云计算、实体经济、优质产品等全面一体化的创新零售形态。

近年来，电商迅猛发展，但《2016 电商消费行为报告》却表示，电商在社会总零售额中的占比只有 10%，大部分流量与消费仍集中在线下。同时，随着电商的发展，流量红利逐渐消失，电商的流量成本越来越高，运营成本也随之不断升高。对于商家来说，如何转型与升级成了重点工作。

关于电商转型与升级，新零售提供了一个正确方向。新零售这一概念被提出后就吸引了很多机构与创业公司关注，这些机构与创业公司都在研究新零售的定义，探究利用新零售改造当下业务的方法，探究推动新零售实现长远发展的策略。

简单来说，新零售就是在大数据的推动下，利用层出不穷的新技术及不断更新的用户体验来改造零售业态。在分析新零售的定义之前，我们先来对零售业及电商的发展现状进行探究。

在线下实体零售业中，图书是最先被电商化的产品。作为高利润、高标准化的产品，图书最先适应电商这种零售业态，其中最典型的案例就是当当

网。当当网凭借图书业务迅速发展壮大，并成功在海外上市。紧随其后，3C产品、美妆类产品、服装产品也实现了电商化，电商的产品品类迅速丰盈，使线下门店业务被严重蚕食。

在电商发展的数十年间，能够获取较高利润的产品几乎都实现了电商化，各个电商平台都在想方设法以更低的价格为消费者提供更优质的服务。在这种形势下，新的电商平台早已失去了产生的可能，但是在部分垂直领域，新电商平台还有诞生的机会。但是在当前的市场环境下，受商品同质化现象异常严重等原因的影响，商家要想吸引更多客户就必须不断压缩产品利润。因此，线上电商发展也陷入了困境。

与此同时，线下门店的发展面临着诸多困境，不仅有租金上涨、客流减少，还有无法有效地把控供应链，无法及时触及顾客。同时，零售业态及相关技术的更迭，新竞争者的出现，顾客需求的快速变化，都给零售业带来了巨大挑战。

除此之外，线下门店还面临流量问题。线下门店的流量成本就是房租，流量越高，租金越贵。但线下门店的日流量几乎持平，当然也有所衰减。再加上受库存与产量的影响，产品销售频次非常接近。线下门店要想扩大自己的利润空间，就必须增加用户购买的产品品类，提升产品的客单价。而近几年，电商的流量成本越来越高，再加上 BAT 把守流量关口，未来的流量费用只会越来越高。

由此可见，新零售不只是改造、升级线下门店，倒逼线上门店，还对企业协同线上、线下的能力提出了新要求。新常态下，传统零售企业要实现"新零售"的思维与模式创新，首先需要全面深刻理解"新零售"的内涵特质。

具体来看，新零售的特征主要体现在三个方面：

（1）重视客户的需求。积极了解不同消费群体在消费需求、心理、行为、习惯等方面的差异，利用资料库和大数据分析进行消费者精准画像，全面把握目标群体的消费需求和行为。

（2）强调产品和服务的差异性。新零售是真正以消费者为中心的零售形态，通过多种举措充分满足消费者的多元个性诉求，优化消费体验，提高消费过程中的满意度，从而有效解决了传统零售同质化竞争严重、产品和服务缺乏差异性、忽视用户个性化诉求的痛点。

（3）深入挖掘行业价值。依托互联网、大数据、云计算、物联网等先进技术的新零售是"互联网＋实体经济"的深化，是通过技术打通融合线上线下不同消费场景，实现资源优势互补，深挖行业价值，推动零售业转型升级，从而获取更大生命力的创新零售形态。

零售新主体：摆脱单一零售角色

新零售环境下，零售主体（主要指零售商）有了新的角色要求，即零售活动的"组织者"和"服务者"。

传统零售模式中，零售商主要扮演专业化的商品交换媒介的角色：首先从上游供应商（品牌商或经销商）那里采购商品，然后面向下游消费者售卖商品，从中赚取中间差价。此外，面对互联网电子商务的蓬勃发展，虽然越来越多的零售商也开始"触网"，利用更为便捷高效的互联网渠道进行商品采销，但其商品交换媒介的本质并未改变。

零售商是商品的经销者，在整个零售产业链中扮演商业中介的角色。在我国零售业发展成熟的过程中，零售商作为商业中介的经销职能被部分弱化，即不再具体参与商品的经营销售过程，而是成为对接上游品牌商和终端消费者的平台渠道，较为典型的是联营模式下的购物中心和百货商场。这种情况下，零售商成为供应商与消费者直接对接沟通的平台，并通过向供应商收取相关费用的方式获益。

新零售情境中，零售主体在商品交易活动中则不再单纯扮演中间商或渠道平台的角色，而是成为整个零售产业链中商品交易和商务关系的组织者与服务者，如天猫、京东、苏宁易购等新零售平台。

从终端消费者的角度来看，各类新零售平台全面深度渗透到消费者的日常生活之中，基于对消费者需求、痛点、偏好、习惯等多维信息的收集分析，提供能充分满足消费者多元个性需求的最适宜的商品和商业服务组合，从而

成为下游消费者的组织者和商品采购者。

对上游供应商而言，天猫等新零售平台可以依托自身的大数据资源和技术优势，帮助供应商精准刻画消费者画像，从而参与到供应商的价值链过程，为供应商的研发设计、生产制造、市场营销等活动提供有益服务和帮助，成为上游供应商的服务者。

新零售环境下，零售商获得了"组织者"和"服务者"的新角色，不再只是促进买卖双方商品交易活动的顺利开展，更重要的是成为消费大数据资源的开发者、采集者、分析者，依托自身强大的大数据分析处理能力，为零售产业活动参与者提供一体化的优质服务，从而既满足多元化、个性化的消费诉求，又实现商业交易活动降本增效的目的。

▍产出新内容：构建极致服务体验

零售组织的主要职能是为消费者提供显性的商品和隐性的服务，两者共同构成了零售产出。传统零售活动中，零售交易围绕"商品"进行，零售商以"商品"为核心通过低买高卖的方式获取利益。

新零售情境下，零售产出则有了新的内容要求：建立良性持续的"零售商——消费者"交互关系，构建不同场景无缝对接的优质购物体验，为上游供应商提供消费大数据服务。

◆零售商从单纯的"商品销售者"转变为"商品和服务的提供者"

新零售是以消费者体验为中心、充分满足消费者多元个性诉求的全新零售形态，因此，不再局限于单一的"商品—货币"关系，而是致力于建立一种良性持续的"零售商—消费者"互动关系。

我们不妨从美国零售企业 Perch Interactive 的案例中借鉴经验。作为一家技术性初创企业，Perch Interactive 基于美国德州仪器开发的 DLP 技术打造出了数字信标解决方案，为消费者全方位、立体化地展示产品信息，从而给其带来前所未有的极致体验。

以消费者在线下实体店中购买服装场景为例，当消费者根据自身的购买力及审美观念等因素选择了一款鞋子后，请服务人员帮忙为其找一款合适尺码的鞋子试穿，试穿过后，他可能决定购买，也可能会前往其他门店挑选。

而在 Perch Interactive 体验店内，消费者进入鞋子区域后，货架上的电子显示屏将会展示和每款鞋子相关的各种信息，比如，适合什么场景、原材料是由哪个地区供应等。当消费者或服务人员从货架上拿下一款鞋子时，陈列该鞋子的位置将会播放一段视频，视频中将会有设计师或明星运动员对这款鞋子进行介绍，并分享试穿体验等。

与此同时，Perch Interactive 的后台系统会自动搜集用户各类数据，以便为自动化、智能化定制营销提供数据支撑。可以预见的是，在 Perch Interactive 等时代弄潮儿的引领下，未来，交互式零售将会实现大范围推广普及。

◆打通融合线上线下渠道，构建多场景无缝对接的一体化购物体验

比如，天猫、京东等新零售平台不断提升商品、会员、卖场等诸多要素的数字化水平，从而依托大数据资源与技术优势，在场景服务、交付服务、品类服务等方面打造有机融合线上线下的一体化购物新场景，为消费者提供全渠道、多场景的优质零售体验。

（1）在消费者端，借助新科技，消费者的用户体验能得以大幅提升。比如亚马逊的无人超市，顾客只需扫描二维码就能付款，无须排队等待结账，有效地提升了结账效率。另外，亚马逊无人超市还有线上会员体系与卡包体系，支持通过微信公众号绑定会员，享受会员优惠与特权。

（2）在产品后台，新科技能助力软件系统与硬件系统升级，将企业内部系统（比如，客户管理系统、货品管理系统、员工管理系统、各门店管理系统等）转化为便捷的云端模式。

（3）在运营端，新科技则能帮商家做好供应链管理与营销运营。借助新科技，商家可对市场动态进行实时监控，对各门店消费者的消费习惯进行深入分析，明确供应链运营策略，做好精细化运营。

另外，随着新科技不断发展，电商用户的消费路径不断改变，先是从线

下延伸到 PC 端，后又从 PC 端延伸到移动端，现如今，消费路径已延伸到直播平台、智能家居领域。很多实体家居品牌开始与网红主播合作，通过直播销售产品。接下来，消费路径将继续朝 VR 平台与 AR 平台延伸，甚至还能延伸到智能家居领域。

◆ **为上游供应商提供消费者数据服务**

传统零售产出主要是针对下游消费者，为他们提供产品或服务，新零售模式下的零售产出则覆盖了包括上游供应商在内的零售交易活动的所有参与者。新零售平台利用自身在终端消费数据采集和分析处理方面的优势，可以实现对消费者的精准画像并还原他们的生活场景，并将这些大数据信息以数据服务的方式分享给上游供应商，从而帮助供应商实现按需定制生产和精准营销。

▌组织新形态：满足即时购买需求

从本质来看，零售业态就是零售组织的经营形态。商品、服务、环境等构成零售经营形态各要素的调整优化，则成为零售业态不断演进变革的驱动力。与传统零售相比，新零售情境下出现了复合型、集合型、满足即时购买需求的创新经营形态。

简单来看，新零售是基于消费者的精准画像，对零售经营要素进行调整优化，从而形成具有多样性、多内容、多触点、多维度、复合型等商业特质的零售经营新形态。一方面，基于不断发展成熟的互联网基础设施，零售业态的各要素实现了数字化变革升级，从而推动原有零售业态的转型、创新；另一方面，利用大数据技术，零售商能够全面精准定位消费者的需求痛点，进而围绕消费者需求对零售业态的各要素进行边际调整，构建零售经营的新形态。

新零售模式下，零售组织的经营形态不再以商品为出发点，而是以消费者需求为核心，围绕消费者需求痛点对零售经营各要素进行调整、变革、优化。这将大大拓展零售商经营形态的创新想象空间，构建出复合型、集成型、满足消费者即时购买需求的新经营形态。

新零售的"新"还体现在零售活动中商业关系的改变。传统零售活动中，不同商业主体间的关系主要表现为"商品—货币"式的交易关系。这种交易关系下，零售商与供应商的关系是利益对立、相互博弈的，零售商与消费者之间也是单一的商品交易关系，整个产业链是一种从生产端到销售端层层推进的"推式"供应链形式。

新零售情景下，商业关系则呈现为供需一体化的社群关系。零售商基于自身在大数据方面的资源技术优势为供应商赋能，从而构建出相互信任、互利共赢的全新的零供关系；同时，零售商还借助各类社交化媒介与消费者进行持续深度的沟通交互，将触角延伸到消费者需求链中，成为消费者新生活方式的服务者和市场需求的采购者，与消费者建立起深度交互的社群关系；由此，整体零售供应链也转变为从消费者需求出发的"拉式"供应链模式。

新零售模式中，商业关系超越了单纯"商品—货币"的交易关系，融入更多人与人的关系要素，最终形成一种各主体彼此信任、合作共赢的供需一体化的社群关系。

经营新理念：为消费者创造价值

新零售情境下，各商业主体间的价值排序被重构，零售活动的核心与主导力量从生产商、供应商、经销商、零售商转变为终端消费者，任何零售经营活动都必须树立以消费者为中心的全新理念，从消费者需求出发、为消费者创造价值才能获得成功。

零售经营的理念与整个零售市场中的供求关系密切相关。在物质匮乏、供不应求的时代，生产商在零售产业链中处于主导地位，零售经营活动的关键是与上游的生产供应商建立联系、获得货源。

大规模生产方式的发展成熟则有效解决了商品供不应求的问题，如何将大量商品有效卖出去成为零售活动的核心议题。这时零售经营的关键是增加零售的资本投入，扩大、完善零售渠道布局，实现规模经济，经销商、渠道

商、零售商等商品流通环节成为零售经营成败的关键，零售活动进入"渠道为王"时代。在上述两个阶段中，"经济原则"和"效率原则"是零售经营理念的核心内容。

进入物质极大丰裕的互联网消费社会，零售经营活动的核心与主导要素进一步下移，终端消费者在市场中占据绝对主导地位，成为零售产业链进行价值创造的源泉，任何零售经营活动都必须从消费者体验出发，围绕消费者的多元化、个性化需求展开。新零售正是消费者主权时代下零售经营新理念、新模式的完美阐释。

新零售真正体现了以消费者为中心的互联网商业本质，其技术应用、要素变革调整等都是为了全面深度融入消费者的日常生活方式和场景中，通过与消费者的持续沟通交互精准定位消费者的需求和痛点，进而以此为根据提供适宜的商品和服务，不断为消费者创造价值。新零售重构了商业主体的价值排序，为消费者创造价值的"人本原则"成为零售经营的新理念，任何零售商业活动都必须以满足消费者需求为核心和出发点。

从本质来看，零售是一种直面消费者的商品或服务交易方式，能够有效解决交易双方的"双向契合"困境。

新零售并未改变零售交易的内核，仍然是一种促进交易实现的"双向契合"角色，只不过与传统零售相比，新零售能够更有效地解决市场供需困境、提高交易效率、充分满足消费者的多元个性需求、提供更优质的产品和服务以及更有竞争力的价格。

从这个角度来看，阿里巴巴研究院对新零售的阐释——以人为本，全面准确定位消费者需求；重塑交易价值链，降低企业内部以及企业与企业之间的流通损耗——简单地讲，就是满足新常态下消费者多元化、个性化的消费诉求，降低商业交易总体成本。

商品交易包括交易的主体、客体、载体和商业关系等内容，具体到零售交易中，即为零售活动的参与主体、零售活动的产出、零售活动的基础设施，零售组织与上游供应商、终端消费者以及同业竞争者间的关系。

传统零售（实体与电商）的创新主要是针对整个零售交易过程中某个方面的创新变革，是零售技术和需求变革共同驱动下的业态创新。

与此不同，新零售变革在不同阶段具有不同的表现形式：当前的数据驱动可能转变为以后的人工智能主导，当前的跨界零售未来可能发展为无边界形态，当前对消费者体验需求的关注可能扩展到对消费者更多方面心理需求的满足等。

从这个意义来看，新零售是一个正在形成中的零售形态，当前人们对其只是有一个泛化的认知，即以消费者为中心，以互联网信息化技术为驱动力，以降本增效为目的，对各要素进行全面变革优化的商品交易新方式。

第3章 新零售本质：
打破电商与实体的边界

电商零售与实体零售的相互赋能

随着电商市场的竞争愈演愈烈，纯电商领域的流量红利逐渐消失，流程成本越来越高，而线下传统供应链体系则为引入先进的互联网技术实现转型提效而烦忧。在这种形势下，马云提出了新零售这个概念，并表示纯电商、纯零售将逐渐消失，新零售将成为未来商业模式的引领者。

现如今，线上电商与线下实体零售商正在从对立走向融合，新零售业态应运而生。未来，新零售将成为互联网时代零售业变革的主方向。

为了推动实体零售业转型发展，国务院于2016年11月发布了《国务院办公厅关于推动实体零售创新转型的意见》，从三大方面明确了实体零售企业转型发展的九大任务，其中三大方面分别是调整商业结构、促进跨界融合、创新发展方式，为实体零售企业的转型发展奠定了基调，这与新零售理念有一些相通之处。二者的不同之处在于，马云对新零售的定义更加直接，直接表示线上企业要深入线下，线下企业要走到线上，实现线上、线下、物流的融合，以实现实体零售企业的转型发展。

随着电商、互联网购物的兴起，消费者传统的购物习惯被改变，越来越多的消费者开始在网上购物。在这种情况下，互联网企业为了拓展经营领域，吸引更多商户进入，开始探索各种新的零售方式；为了应对互联网电商的冲击，实体零售企业也开始积极地调整发展战略，然而，对于消费者来说，他们关心的只有优质的购物体验。因此，有人说，无论从长期来看，还是从短期来看，电商都无法取代实体零售企业，因为消费者最看重的体验感，只能从实体零售店铺中获得，电商很难带给消费者真实的体验。

据艾瑞咨询预测，中国网购交易规模的增长率将呈现出下降趋势，将从2011 年的 70.2% 下降到 2018 年的 16%，甚至还有可能降到个位数。AC 尼尔森的调查结果表示，67% 的消费者更能从实体店购物中获得愉悦感与满足感。

埃森哲的调查结果显示，在方便、便捷方面，实体零售企业更具优势，93% 的消费者表示在实体零售店铺购物更加方便，75% 的消费者认为网络购物方便，而认为通过移动终端购物非常方便的消费者只有 61%。未来，在实体零售店铺购物的消费者占比将逐渐增加，网购的消费者比例将逐渐下降。

经过爆发式发展阶段之后，我国电商将从一二线城市及东部经济发达地区朝三四线城市及中西部经济欠发达地区扩张，在这种情况下，电商的物流配送成本也将进一步增加。与之相对应，相较于一二线城市来说，实体零售商在三四线城市的租金成本要低很多，再加上电商的冲击，实体零售企业生存艰难，租金成本必然会不断下降，实体零售企业将获得极大的成本优势。

电商的物流成本与实体零售商的租金成本是二者较量的关键要素，对二者的胜败起着决定作用。随着实体零售企业租金成本下降，电商企业物流成本增加，实体零售企业将获得一个契机实现反转。

同时，与电商企业流量成本不断升高不同，实体零售企业不仅能展示可视性较好的品牌广告，还能成为新零售领域一个低成本的流量入口，取得运营成本不断下降，商品销量不断提升的良好结果。

为此，阿里巴巴进行了研究，预测到 2020 年，在社会零售总额中，纯网络零售额占比约为 20%。这说明，80% 左右的交易会发生在线下，实体零售企业的发展空间与发展潜力巨大。实体零售业不仅不会消亡，而且会有很大的发展空间。未来，电商与实体零售企业逐渐融合，全渠道零售将成为他们

共同的选择。

受越来越多消费者选择线上购物的影响，品牌商与实体零售商纷纷朝线上发展，线上、线下融合成为趋势。未来，实体零售业将成为一种集互联网、大数据、云计算等新技术于一身的全新的商业生态。

场景体验下实体零售的新机遇

随着国内零售业进入全面变革升级的新时期，传统实体零售和电商零售的壁垒不断弱化，线上线下打通融合的新零售成为未来零售业的主流形态，这从近两年众多零售企业的布局中就可窥一斑。

阿里巴巴在 2015 年与苏宁达成战略合作伙伴关系并成为后者的第二大股东后，又投资 21.5 亿元收购了连锁超市三江购物 32% 的股份，之后还与上海大型零售公司百联集团在大数据、互联网技术、全业态融合等六大领域达成了全方位合作协议。

在阿里加快线下零售布局时，其主要竞争对手京东也不甘落后，不仅加大"京东到家"这一实体门店的布局力度，还投资 43 亿元入股永辉连锁超市，并与沃尔玛建立了深度战略合作关系。此外，从互联网起家的小米公司也计划在 2017 年开设 200~300 家小米之家线下零售店，另一线上零售平台当当网则宣布在未来三年开设 1000 家线下实体书店。

与线上零售企业发力布局线下业务同步，国内最大的实体连锁家电销售商国美集团提出要依托日益发展成熟的互联网、物联网，打造有机融合线上线下不同场景的新零售生态体系，并在自身实体门店中为顾客搭建了"烘焙课堂""智能空间""未来我家"等诸多消费体验场景。

此外，近些年，线上零售业务增长迅猛的另一连锁零售巨头苏宁也提出在 2017 年要增设 1100 家线下消费体验店；商业地产龙头万达集团则与中国银行达成战略合作，共同打造围绕消费场景的"实体云服务"。

电商零售布局线下场景和实体零售拓展线上数字化业务已成为零售业发展的一个显著趋势。在互联网零售的巨大冲击下，我国传统实体零售陷入生存发展困境，相关数据显示，2016 年，全国百家重点大型零售企业的零售增速创下 30 年来的最低纪录，为负 0.1%，且百货店、超市等零售企业的大规模闭店现象仍在持续；与此形成鲜明对比的，则是网络零售同比增长 12.6%，市场交易规模突破 5 万亿元。

不过需要注意的是，网络零售在经历最初的迅猛发展之后，已连续三年出现增速大幅下滑，且下滑趋势仍将继续。究其原因，一方面是线上零售平台间的竞争越发激烈，且越来越多的线下企业开始拓展数字化营销业务，导致线上流量的获取难度和成本不断攀升，市场趋向饱和。

另一方面则是消费升级背景下，线上零售在体验性、服务性和场景性方面的不足逐渐成为一大痛点，而个性化、社交化、口碑化、娱乐化、品牌化、碎片化等消费需求的不断增多也大大弱化了电商零售以往在价格与多元选择方面的优势。

从上述角度来看，消费升级的体验经济时代，不论是传统的线下实体还是纯粹的电商零售模式，都已无法充分满足用户多元化、多层次、个性化的消费诉求。越来越多的零售企业认识到，实体零售与电商零售不是"你死我活"的完全对立竞争关系，而是各自具有独特价值、能够实现优势互补从而协同满足消费升级下的用户诉求。

因此，近两年众多实体和电商企业不断打破自我封闭的界限壁垒，积极向对方领域拓展，从而打通融合线上线下消费场景，为消费者提供多元个性、不同场景无缝对接的一体化零售体验。

总体来看，打通融合不同场景并与现代物流服务相结合的新零售主要具有以下特质：

◆ **场景化**

即通过打造线上线下一体化的消费场景，不仅向顾客全方位展示产品特质与核心价值，更让顾客在交流互动过程中获得舒适愉悦的价值体验。同时，

这种价值体验并不局限于产品本身，也源于整体的门店购物场景：消费者进入店铺，所获得的不仅是优质产品和服务，更是一种理想的生活方式和场景。

购物场景化、场景娱乐化，"产品卖场＋消费体验"的新零售业态将成为未来零售业的主流，充分满足了顾客在体验性、服务性、社交性、娱乐性等方面的多层次、多元化的心理情感诉求。

◆赋能化

从消费者角度来看，消费升级背景下人们不愿只是成为被动的信息或商品接受者，而是希望参与到产品设计定制、生产加工等整个价值链创造过程，从而获得更高层次的心理情感体验。

对企业而言，面对市场中个性化、多元化、体验性消费需求的不断增加，生产企业也必须转变以往的标准化、规模化运作思维与模式，通过多维度的消费大数据分析及时把握主流消费趋势和市场变化，全面精准定位消费者的个性化、定制化需求，通过市场细分和精准营销拓展新的发展想象空间，构建能充分满足市场个性化定制需求的柔性生产供应链，实现日常生产运营的低库存甚至零库存。

◆扁平化

新零售的扁平化趋势主要表现在两个方向：一是跳过更多分级批发商和经销商，从以往C2P2B2M（消费者—销售渠道—企业—工厂）的产品流通路径转变为C2B2M（消费者—企业—工厂）；二是实现消费者与生产企业的直接对接沟通，即C2M模式。

显然，两种趋势的目标都是压缩中间环节，提高商品流通效率、降低流通成本，实现向消费者的更多让利并增强企业的市场响应能力。

▌国内零售巨头如何看待新零售

关于新零售的话题讨论在各大社交媒体中层出不穷，企业界的新零售实践案例也大量涌现。在新零售崛起的当下，企业最为关心的还是如何享受新零售模式红利，找到真正适合自身的新商业模式。

小米在探索新零售方面，更加强调新零售高效的本质，将电商的优势在零售中充分发挥。小米布局小米之家线下门店向外界证明了小米发展新零售的决心。小米掌舵人雷军指出，新零售是一种线上线下互动融合的新运营方式，通过将电商的优势应用到实体零售中，可以提高流通效率及顾客满意度，为顾客高效便捷地提供高性价比、品质更有保障的优质商品，从而满足持续升级的消费需求。

新零售不只是要将线上线下销售渠道融合，更要进行精准的用户需求分析与消费趋势预测、对研发设计环节进行创新、强化供应链管理能力、完善售后服务等。

京东创始人刘强东则指出，零售没有新旧之分，新技术的涌现将促使零售系统不断升级。如今的零售行业正处于第四次零售革命阶段，零售行业经历了从百货商店到连锁商店、再到超级市场的三次零售变革，而基于互联网和新一代信息技术的新零售模式所引领的第四次零售革命将揭开智能商业时代序幕。

无论零售发生怎样的变革，始终都是围绕成本、效率、体验三大基本要素展开，并引发零售基础设施发生改变。在新零售革命中，信息技术、智能技术、物联网等技术将会对零售系统中的商流、物流、信息流及资金流进行改造升级，可塑化、智能化、协同化的零售基础设施将会让生产商及服务商大幅度提高效率并降低成本，使消费者实现所见即可得、实时购买、超乎心理预期的极致体验。

零售巨头苏宁在新零售风口面前也表现得非常积极，它也被视为国内传统零售成功转型网络零售的典型代表，再加上其在全国范围内拥有的超过3500家线下门店，更是为其布局新零售奠定了坚实基础。

在探索新零售模式的过程中，苏宁更加侧重于"智慧零售"，在苏宁看来，智慧零售的快速崛起，让线上线下融合发展成为可能。驱动智慧零售发展的，是消费升级与技术革新引领的第三次零售革命。

零售业在发展过程中，先后出现了以连锁店为代表的实体零售革命和以

电子商务为代表的虚拟零售革命，而智慧零售将掀起新一轮零售革命，通过运用大数据、云计算、物联网等高科技技术，分析用户需求、预测市场态势、优化产品整个流通流程、让消费者享受极致的购物体验。

国美同样加入了抢滩登陆新零售行列。2016年12月19日，在国美30周年庆启动暨集团战略发布会上，国美提出要重新定义零售，"建立以用户为王、产品为王、平台为王、服务为王、分享为王、体验为王、线上线下融合的社交商务生态圈，形成对用户利益最大化的新零售模式"。

本质上，新零售商业模式的真正落地需要实现线上线下的深度融合，而要做到这一点不能仅做到线上线下同价，或者是简单地将二者连接，而是要对线上线下业务进行一体化运营。

零售企业应该如何布局新零售

2017年8月，在阿里零售通事业部举办的全球战略发布会上，集天猫品牌授权、覆盖百万便利店、新零售赋能等诸多话题点于一身的"天猫小店"项目刚亮相后，就引发了社会各界的广泛关注。为了迎接即将到来的新零售风口，阿里投入了大量的资源与精力。

在阿里、京东等时代弄潮儿的积极探索下，我国的电商产业已经相当成熟，甚至明显领先于很多发达国家。自2015年开始，逐渐认识到新零售时代即将到来的诸多国内企业开始同时布局线上与线下，实体零售企业在依托线下门店为顾客提供优质购物体验的同时，也借助入驻电商平台、自建官方商城、开发购物APP等方式获取海量的线上流量；而电商企业则通过和实体店合作或自营方式布局线下，补足体验缺失短板。

零售行业的边界正在被逐渐打破，实体零售商和电商企业不再是对立关系，线上和线下开始走向融合。传统零售概念与模式变得不再适用，在新零售时代，企业需要采用全新的经营管理手段，来服务需求日益个性化与多元化的广大消费者。

近几年来，虽然天猫、京东等国内电商巨头在"618""双11""双12"

等电商购物节上，接连刷新成交纪录，但这并不能掩盖电商增速趋缓的事实，而且不断攀升的获客成本也导致很多国内中小电商卖家陷入生存危机。

新零售的崛起需要线上线下和物流深入结合，在互联网的支撑下，辅以大数据、云计算、物联网、人工智能等新技术及工具，对原材料采购、产品生产、仓储、营销、销售、配送、售后等诸多环节进行优化升级，大幅度提升流通效率的同时，也将有效控制流通成本。

新零售概念在国内的推广普及并非是偶然事件，从近几年的国内电子商务发展情况来看，电商交易额增速明显趋缓、行业竞争日趋白热化背景下，为了开辟新市场，阿里、京东等电商巨头实施渠道下沉战略深耕农村电商，发展跨境电商拓展海外市场，但前者受制于农村电商基础配套设施相对落后；后者则要面临亚马逊、eBay 等海外电商巨头的强力狙击，短时间内都很难取得实质突破。

再加上消费持续升级背景下，网络购物体验缺失问题越发突出，所以，电商企业布局线下就成为必然选择。事实上，新零售概念尚未正式提出前，阿里、京东等电商企业就已经开始发力线下市场。

从传统零售角度看，近几年国内零售企业经营业绩虽然有所提升，但不断增长的门店租金与人力成本使其盈利能力明显下滑，再加上流通渠道过多带来的价格劣势，导致其发展前景十分堪忧，此外，生活节奏不断加快背景下，人们能够用来线下购物的时间越来越少，更多的是在各种碎片化场景中，使用随身携带的智能手机打开购物 APP 选购商品。所以，传统零售企业布局线上同样是必然选择。

不过，无论是电商企业发力线下，还是实体零售布局线上，如果仅是简单地将商品从一个渠道转移到另一个渠道，根本不能解决各自的发展困境，新零售模式的落地远没有这么简单。

要想掘金新零售，企业需要将线上与线下的产品和服务深入融合，使虚拟与实体消费体验实现无缝对接，充分发挥电子商务在提高购物便捷性、降低流通成本，与实体零售在提供完善购物体验及售后服务等方面的优势，为广大消费者创造更多的价值。

从需求端来看，人们购买力不断提升，购物消费时，对精神与情感体验

更为重视，尤其是"80后"与"90后"这一年轻消费群体的快速崛起，促使零售企业不得不重视彰显个性化的长尾需求，以及带来情感与精神享受的娱乐需求。

更为关键的是，移动支付、二维码扫描技术的快速推广普及，产业信息化、物流基础设施不断完善等诸多利好因素的驱动，使得线上线下相结合的新零售模式具备了落地基础。这种背景下，新零售概念自然会在我国快速传播开来，并引发大量创业者及企业的积极探索。

需要注意的是，零售企业在布局新零售的过程中，需要重点把握以下两个方面：

◆ 加强体验服务

首先从商品方面来看，目前，商品同质化现象非常严重，在纯电商环境下，商家要想获取大量流量就必须降低产品利润，但是在与线下打通之后，商家就可以通过服务提升用户体验，提升商品的附加值，获取竞争优势。

在这种情况下，在线上、线下交易全过程中，线上承担着优化交易过程的责任，线下则主要负责优化体验或服务。同时，对于用户来说，线下服务能带给其真实的体验，相较于华而不实的文案、美化修饰的图片来说，这种体验更加生动，更有说服力。正是由于这种原因，电商才会想打通线下，与线下实体零售商形成合力。

◆ 强品牌类产品

强品牌类产品天生就适合线下场景。在纯电商时期，一大波产品崛起，凭借流量红利获取了一大批粉丝用户。但近年来，随着流量红利逐渐消失，电商竞争越发激烈，纯线上产品的竞争也愈演愈烈。随着模仿者越来越多，线上流量成本越来越高，仅凭借线上渠道，线上电商难以取得突破性进展。

未来，通过线上向线下输血，推动线上与线下实现有机融合，通过各种渠道获取流量。同时，通过线上数据与线下数据的打通，精准地完成用户画像，让商家可以实现多元化发展，让IP可成功实现变现。

在经历电商冲击之后，过去注重线下发展的商家已经对线上销售有了非常清晰的认识，随着新零售的出现与发展，在线上与线下融合的过程中，这些商家凭借已经积累起来的渠道、口碑、管理方面的优势，能实现更好地发展。

多点+物美：新零售的探索实践

随着线上、线下融合，线上电商与线下实体零售企业之间的冲突逐渐缓和，逐渐从对立走向了融合。互联网的出现和发展使整个行业被颠覆，这一点得到了广大实体零售企业的认可，实体零售企业必须顺应潮流与线上电商融合，走融合发展之路。同时，广大实体零售企业也认为，未来，线上线下一体化的新零售是大势所趋。

在新零售环境下，物流速度与效率不再是物流企业比拼的关键要素，物流企业将致力于消灭库存，优化管理，提升管理质量与效率，将库存降到零。只有做到这一点，才能实现物流的本质。

随着互联网电商的发展，很多传统零售行业都受到了严重的冲击，导致这一现象出现的主要原因是，传统零售企业没有及时掌握先进技术，没能紧跟时代发展。

在线上、线下融合发展的各种实践中，多点与物美的结合做出了有益示范。2015 年，多点与物美达成战略合作，之后共同对商品采购、商品管理、物流、仓储等环节进行了重构，从各方面满足了用户对商品的需求。可以说，多点与物美的合作使整个交易链条都实现了线上与线下的融合，成为线上、线下融合，全渠道物流，移动支付的典范。

比如，在北京，五环以内，多点可实现全面覆盖，可为顾客提供两小时送货上门服务，满足了顾客对商品质量、价格、新鲜度、便捷性等多方面的需求。相关数据显示，在 2016 年"双 12"期间，多点拣货的及时率与 O2O 妥投率分别高达 99.42% 和 99.38%，创造了行业新纪录。目前，在社区零售领域，这种线上线下相结合的新零售模式是最稀缺的零售业态。

现如今，多点与物美超市的合作越来越紧密。目前，多点所有超市的 O2O 产品都来源于物美，全球精选商品均为自行采购。多点与物美之所以结合得如此紧密，原因就在于多点拥有庞大的用户数据，凭借用户数据，多点可以帮物美实现品类拓展、业务升级，而物美则可以利用其在仓储、采购等方面的优势帮多点解决供应链问题，二者相互合作，既弥补了对方的短板，又拓展了自己的发展空间，实现了更好地发展。

　　需要注意的一点是除物美与多点外，阿里和三江购物、京东与永辉超市也达成了合作，采取了线上线下相结合的合作模式。

　　在新零售时代，电商会发生巨大变革，那么与电商紧密相关的物流会发生什么变化呢？随着C2B模式的发展与消费升级，货物将永远处于运输途中，在仓库中所处时间会越来越短，库存会逐渐朝消费端转移，直到进入消费者家中。简单来说，一个自由、开放、信用度高、透明度高的物流体系就是物流的未来。

　　在新零售环境下，物流将进一步实现数字化，使实体店铺商品与服务的管理效率与质量均得以大幅提升，使用户体验得以充分满足，从而提升商品配置效率，让店铺商品与线上商品实现有效互动，从而让传统零售数字化与纯电商线下化实现有机结合，这是新零售的趋势。在此趋势下，货物不再以电商为中心进行配置，线下数字化则成为货物配置的关键。

　　线上线下融合也好，消费者与商家互动也罢，零售的本质不会发生变化，依然是体验与效率。对于顾客来说，下单之后在最短时间内收到包裹就是一次很好的消费体验，因此，未来物流配送的速度一定会越来越快。

　　为了实现这一目标，京东在国内很多城市都推出了次日达服务，来优化消费者的购物体验。在新零售的驱动下，本地化配送会越来越多，"线上下单、就近配送"这种物流模式将成为主流。

Part 2

新 模 式：

新 零 售 落 地 的 实 践 路 径

第4章　运营模式：
颠覆传统零售的创新思维

▎新零售与传统零售经营模式的区别

什么是新零售？实体零售企业做电商未必是新零售，百货商场引入生活体验服务也未必是新零售。传统零售企业要想真正打破困局，转向新零售，还应突破"法""术"，从经营哲学层面寻找策略。经营哲学落地就会转化为经营模式。从经营思维方面来看，传统零售与新零售不同，传统零售关注的是企业效率，新零售关注的是用户体验。

具体来看，二者的区别如下：

★传统零售的经营模式：追求企业效率，关注自己。

★新零售的经营模式：追求用户体验，关注他人。

由于经营模式不同，所以零售企业的价值导向也不同，所采用的"法""术"也有些许差异。

2016年9月，零售领域的专家组织了一场便利店干货交流会，就"到店"与"到家"两个问题展开了激烈的争论，其观点大致可以分为两个流派：

（1）到店派的主要观点是追求企业效率，认为如果便利店为消费者提供送货到家服务可能会增加运营成本，降低门店的连带率，使店铺整体运营效率受到不良影响。所以，到店派认为便利店只需为消费者提供到店服务就能为其带来便利，无须为其提供到家服务。

（2）到家派的主要观点是追求用户体验，认为如果便利店为消费者提供
到家服务，就能提升消费者的购物体验，增加被消费者选择的概率。虽然这
种做法可能会降低企业的运营效率，但能积累更多用户，增加用户基数，提
升企业的运营效率。

如果我们能突破惯有的思维模式，用先前性思维看待便利店的到家、到
店服务就会发现：便利店同时为消费者提供到家、到店服务能有效提升消费
者的消费体验，提升门店的经营效率。

比如，便利店同时推出到店与到家服务能有效拓展辐射范围，到店服务
的辐射范围可能为 500 米，到家服务的辐射范围可能为 2 千米，从而使店铺
人效得以大幅提升；另外，便利店同时推出这两种服务还能增加经营的商品
种类，除门店原有的商品之外，区域仓的商品也能拿来经营，使店铺坪效得
以大幅提升。

由此可见，围绕用户体验对商品的经营模式进行重塑才是真正的新零售。
在实际运营的过程中，新零售能对人货场的价值进行重构。

新零售非常关注人，倡导以用户体验为先，同时非常注重企业效率。为
了更好地平衡用户体验与企业效率之间的关系，零售企业必须把握好"度"。

★传统零售企业追求企业效率，经常以股东为先，其次是客户，将员工
放在最后。

★新零售企业追求用户体验，经常以客户为先，其次是员工，最后是
股东。

在价值驱动方面，传统零售与新零售的追求也有显著差异：

★传统零售关注企业效率，运营人员追求个人利益，更关注眼前利益与
短期利益。

★新零售关注用户体验，运营人员倡导服务他人，更关注企业的长远利
益与未来的收益。

因此，传统零售企业与新零售企业在利益分配体系上有一个非常明显的区别，就是传统零售企业没有期权，新零售企业有期权。

自进入新零售时代以来，经营模式重塑就成了零售企业面临的共同问题，这是非常典型的时代特征。

新零售方法论：新零售=商品×人

新零售非常关注用户体验，经营模式也是以人为核心，整体方法论也将人放到了重要位置。阿里巴巴前总裁卫哲曾提到一个观点：在互联网时代，经济公式是 $E=MC^2$（经济 = 商品人^2），其中 C（人）^{2} 是引爆商业的关键。如果一个零售企业只懂得经营商品，不知道如何经营人，企业就难以实现持续、稳定的发展。

借用卫哲的观点，新零售的方法论就能表示为：新零售 = 商品人^2。用文字表述就是：新零售通过经营商品来实现对人的经营，通过商品建立与人的关系，对于新零售来说，其经营模式的核心就是经营人。这里的人指的是客户、企业内部员工和上下游各种商业伙伴。对于新零售来说，通过商品经营人是其经营活动的精髓，也是其整体方法论。

【案例1】吴晓波频道：通过文章与用户建立联系，对粉丝开展重度经营，跨品类售卖各种酒、茶、油、服装等商品。

【案例2】茵曼+：通过棉麻女装与消费者建立联系，对粉丝开展重度经营，并为粉丝创业提供了1亿元的资金支持，同时，实体门店增加了经营的商品品类，在女装之外增加了童装、家具、家居用品等品类的商品。

【案例3】小米：很多传统零售人都认为小米的商品利润太低，无法为整个商业模式的运行提供有效支撑。但是从新零售方面来看，小米的商业逻辑没错，并且其商业逻辑也得到了资本市场的认可。小米通过手机与消费者、粉丝建立联系，通过高性价比的手机得到用户认可，形成良好的口碑。对于小米来说，经营人是其盈利的关键点。正因为做好了人的经营，所以小米才能推出电视、插座、充电宝等非手机产品，并使产品畅销。

对上述三大案例进行归纳总结可得出新零售运营的三大关键性策略：第一，引流商品；第二，经营社群；第三，增加服务内容。实体零售企业要想做好社群经营，增加服务内容，必须借助互联网与电商的支持。比如，社区超市必须借助生鲜产品（引流商品）与消费者建立联系，形成口碑，为社区住户提供优质的服务（经营社群），同时推行O2O模式，扩大经营的商品品类。因此，对于零售企业来说，推行O2O模式，实现线上、线下融合是其迈进新零售领域的重要标志。

消费升级：新零售模式的主要优势

◆ 多角度

因为新零售承担着用户消费升级的责任，所以它不仅要满足传统领域用户的需求，又要推动用户消费升级。为了更好地落实这一责任，新零售必须从多个角度提升自我，承担起未来发展风口的责任。

为了满足用户消费升级的需求，新零售必须充分发挥自己的优势完成传统电商无法完成的任务。比如商品展示，在移动互联网时代，商品只能通过图片、文字、视频等形式展示出来，通过这些形式展示出来的商品，用户无法对其进行深入、全面、清晰的了解，买到的商品很有可能与其实际需求不符。之所以会出现这种问题，主要是因为商品展示与用户需求之间存在很大差别，仅凭借传统的商品展示，用户的购物需求无法得到有效满足。

进入新零售时代之后，内容展示逐渐从以商家为主的内容展示转变成了以用户为主的内容展示，所展示的内容基本上都是用户在使用过商品之后的真实感受，相较于传统的图片、文字、视频展示来说，这种内容展示更加生动、直观。在用户体验商品的过程中，新零售会将传统技术与新技术相结合，利用新技术带给用户更加真实的体验。

新零售既能延续传统互联网时代积累起来的各种优势，又能与新技术相

结合，提升用户的购物体验。借助这种多角度的发展模式，新零售的发展有了更多可能。在新零售时代，用户不仅接收内容，还能生产内容，为新零售带来更多生机与活力，让新零售的发展获取更多可能。虽然，现阶段，新零售的这点特性吸引了广大电商巨头注意，但真正敢于尝试的电商企业寥寥无几。在这种形势下，聚米众筹等中小型平台却敢于深入其中，对项目与体验之间的关系进行深入挖掘，以对新零售发展的可能性进行探究。

◆ 深领域

深度介入可以说是新零售的另一大特性。在传统的电商模式中，淘宝网、天猫、京东商城等电商只为商家、消费者提供了一个平台，至于平台销售何种商品，这些平台并没有过多干预。在这种模式下，电商平台无法有效地控制商品，使假冒伪劣商品横行，使用户利益深受影响。而在新零售时代，商品生产、运输、销售、使用等环节都有电商平台介入，在这些环节，传统电商平台会与线下门店建立联系，将线下门店视为线上门店的商品补给站，从而让线上用户在线下门店获得全面体验。

除此之外，新零售还能让传统线下门店的网店优势为广大线上商家所用，这一点也是传统电商深度介入的一大表现。在传统电商模式下，消费者如果在线上买到假冒伪劣商品，只能通过线上渠道与商家交涉，维护自己的权益。但是在新零售模式下，消费者如果在线上买到假冒伪劣商品，能直接到线下门店申请售后服务，调换商品。对于消费者来说，后者更容易被接受，也更能带给其优质的体验。

这种深度介入的特性将线上购物、线下购物的优点充分结合在一起，带给用户一种与传统电商的购物体验完全不同的体验。另外，在新零售模式下，用户可以利用电商的下单模式在线上下单、付款，然后从附近的线下门店提货，使线上、线下彻底实现融合。由此可见，正是因为这种深度介入的特点，新零售才能真正实现线上、线下的融合。

◆ 复合性

新零售与传统电商的最大区别就在于复合性。传统电商平台的功能只是导流，将流量引向商家，没有涉及其他业务。在这种情况下，传统电商平台的作用仅是导流，遇到用户维权、退换商品等问题，平台要重新找到用户予以解决。在这种情况下，资源被严重浪费，电商平台无法全面控制商家，导致电商平台假货横行，即便每年都打假，假货依然存在。

进入新零售时代之后，电商平台的功能不再只是导流，还要致力于提升用户体验。随着流量红利时代的结束，电商平台仅导流已很难刺激消费者下单购买，只有以导流为基础，通过增加平台功能满足用户新需求，只有这样，才是真正进入新零售时代。

未来，新零售平台的功能将逐渐丰富，除购买功能之外还将增加体验功能、社交功能、交易功能等多种功能。在这些功能成为淘宝网、京东商城、天猫等电商平台的标配之后，我们才能说新零售时代真正来临。

受这种种特征的影响，新零售绝不是一个简单的概念。新零售是以移动互联网时代积累的先进经验为基础，与新技术、新模式、新思维相互交融催生出来的一种新事物。新零售的出现帮传统电商找到了破解流量成本越来越高难题的方法，其与消费升级需求趋势相契合，为线上、线下的融合发展找到了一种合理的模式。

在新零售模式下，在所有的流程中，用户将成为真正的核心，用户体验将成为决定模式成败的关键。在对新零售模式进行讨论时，我们不能只分析其概念，还应对新零售模式与传统模式相结合的可能性，新零售给未来生活带来的变化进行深入探究。

▌经营创新：新零售的运营实战策略

◆优化资源整合，提升运营效率

以国内连锁零售品牌"名创优品"为例。面对电子商务的巨大冲击，在传统实体零售出现大规模闭店的情况下，名创优品却逆势而上，从2013年9月开设第一家门店，短短三年门店数量就达到了1100家，预计2016年的总收入将突破100亿元。

名创优品成功的关键是通过优化资源整合提高整体运营效率。比如，在商品制造和供应链环节，名创优品采取大批量、规模化采购的方式，直接从生产商那里进货，通过减少中间流通环节压缩渠道运营成本、提高商品流通效率、优化物流配送路线，从而大幅降低了整体运营成本，能够为消费者提供优质优价的产品。

名创优品借助"新零售"的运营思维与模式，不是通过压缩产品生产成本实现利润最大化，而是与生产商、第三方企业等建立合作共生、互利共赢的关系，从而既挣脱了传统零售竞争的"价格战"泥潭，也超越了以往与零售产业链中其他主体间的利益冲突和相互博弈的对立关系，通过对产业链中整体资源的优化整合实现产品的更高品质和更低价格。

◆ **注重客户的消费体验**

与线上零售相比，实体零售在体验性、场景性和服务性方面具有独特优势，这也是实体零售不会被蓬勃发展的电子商务完全取代的关键。因此，传统零售企业开展"新零售"，必须高度注重并充分发挥自身在客户体验方面的巨大优势。

简单来看，实体零售门店要在商品、服务、配套设施等各个方面为进店客户搭建舒适愉悦的购物场景，让消费者在亲身触摸和感受商品以及与工作人员的交流沟通中获得优质体验，不仅满足顾客的商品和服务需求，也充分满足消费者在娱乐、互动、情感等方面的多层次诉求。

相关调研显示，虽然网络购物形式已经广泛普及，但仍有超过70%的消费者希望可以在实体店中试用商品，同时近50%的消费者希望在线上平台筛选购买产品然后在实体店中提货。不过，当前只有30%左右的商家能够真正打通融合线上线下不同场景，为顾客提供一体化消费体验。

传统零售企业布局新零售，不仅要拓展数字化业务，为消费者提供便捷高效获取商品和服务的方式，并通过线上平台对顾客反馈等各类消费数据信息进行采集分析；还要转变以往线下店面的运作模式，通过物流组织、人员服务、商品采购、价格定位、卖场设计、产品整合、营销策略等诸多维度的优化变革，打通融合线上线下消费场景，实现电商零售与实体零售的优势互补，从而为顾客提供个性化、差异化、专业化、一体化的舒适购物体验。

◆ **打破暴利心态，注重产品优质度**

不论是传统零售还是新零售，长久吸引和留存消费者的根本落脚点都是产品品质，企业只有始终为消费者提供质量过硬的产品，才能吸引消费者持续消费，实现长久发展。

线上零售的成熟普及为消费者提供了多元化选择，商品价格也更加公开透明，从而大大增加了实体零售店在商品采购、组织和销售等方面的压力。不过，相关调研也指出，超过 70% 的消费者对线上平台的产品质量持质疑或不满意的态度，特别是在消费升级的大背景下，产品质量已成为电商零售的主要痛点。

因此，面对电子商务的巨大冲击，实体零售店应在经营上回归商业本质，从产品着手充分发挥自身的体验性、服务性优势：紧贴时代潮流和目标消费者偏好进行产品设计和定位，搭建舒适愉悦的门店购物环境以延长消费者的停留时间，通过优质的产品和体验赢得消费者的认可、信任与忠诚。同时，在商品生产和采购方面压缩中间流通环节，拓宽运营渠道，降低整体运营成本并实现产品的差异化，从而最大限度地缩小同一商品在实体门店与线上平台的价格差距，为进店顾客提供优质优价的产品。

总体来看，新常态下传统零售业开展"新零售"，一方面要在经营方面回归商业本质，从产品质量、优质服务、客户体验等方面下功夫，充分发挥实体零售在体验性、服务性和场景性方面的优势。另一方面，也要变革传统的零售经营思维与模式，树立以消费者为中心的互联网商业思维，既高度正视电商零售的冲击与挑战，也要将其看作是实现转型升级和跨越式发展的契机，积极利用互联网、大数据等技术全面精准把握消费者的需求变化、行为习惯等内容，从消费者体验出发打通融合线上线下消费场景，为消费者提供差异化、个性化、一体化的良好购物体验，从而获得消费者的认可、青睐和忠诚。

模式实践：新零售的三大运营策略

◆ O2O 全渠道零售

进入新零售时代以来，我国的零售渠道发生了巨大变革，"社区化"与

"移动化"就是非常鲜明的特点。由于社区化，线下渠道与消费者之间的距离变得越来越近；因为移动化，线上渠道与线下渠道有了融合、链接的可能，这种变化就被称为O2O或全渠道。

具体来看，O2O就是线上线下融合，其中一个O代表的是线下，另一个O代表的是线上，2代表的是链接与融合。O2O的实现离不开科技的作用，随着科技的发展，移动化的出现，线上线下有了相互链接的可能，最终才实现了融合。

在现在的市场环境下，不仅实体零售企业倡导推行O2O，互联网电商也强烈呼唤O2O变革。O2O模式落地的关键在于链接与融合，其中链接代表的是移动技术，融合代表的是企业经营。正是由于移动技术的进步，企业经营模式才能实现变革、升级。

链接能否顺利实现关键要看移动技术，包括移动终端与移动APP。作为一个链接一切的超级APP，微信推出小程序引起了一时轰动。小程序不仅能推动零售O2O有序发展，还能激活品牌商，促使品类专业店、社区店等零售业态实现更好地发展。

融合代表的是企业经营，包含企业经营思维与具体的经营管理。一般情况下，人们往往会从"人、货、场"等企业价值重构方向对O2O模式进行思考，采取具体措施推动线上、线下实现有效融合。

比如，一个服装品牌商想推行O2O模式，关键要采取以下五大措施：

（1）改变实体店的加盟模式与体系，实现线上线下同款同价。

（2）解决异构系统的中间件，疏通库存信息，实现实库、虚库统一盘货。

（3）建立科学的利益分配方案，在任意终端调拨发货。

（4）打通会员账号，借助数据挖掘工具对消费者的消费行为进行分析，以更好地采集用户行为数据。

（5）引入各种先进的软件工具，辅之以利益刺激、技能培训，让实体门店的导购与线上门店的客服相融合。

除此之外还有很多事项，使用阿里的分类方法对其进行归纳，可将其归纳为"三通"，分别是商品通、服务通和会员通，具体见下表。

三通	分类	作用
商品通	价格打通	同款同价
	库存打通	实库、虚库统一盘货
	促销打通	终端可调拨发货
会员通	账号通用	为线上、线下数据采集提供方便
	积分通用	利益捆绑用户
	行为记录	方便数据挖掘与利用
服务通	售前服务	门店导购与线上寻购融合
	售中服务	锁定消费者，为社群服务提供方便
	售后服务	线上、线下均可提供退换货服务

现阶段，很少有渠道零售企业真正实现了线上线下融合，各领域的典型企业如下：

——购物中心领域：万达的飞凡，阿里的喵街。

——百货商场领域：大商集团的天狗网，天虹的虹领巾，阿里的银泰网。

——大卖场领域：大润发的飞牛网。

——综合超市领域：阿里的盒马鲜生。

——社区超市领域：京东到家、淘宝到家。

——便利店领域：淘宝便利店。

各个零售领域的购物场景不同，其推行 O2O 的策略也有很大的差异，在这方面，喵街、淘宝到家、盒马鲜生、淘宝便利店、银泰网能为其提供很好的借鉴。从目前的情况来看，喵街、银泰网不能划归到成功的阵营中，只能为相关人员提供反面教材，引发其思考与警醒。

在 O2O 项目实施方面，除了上述业务层面的内容，还要关注新零售的整体方法论，以及商品经营人。在经营人方面要秉持"人就是资产"这种理念，在新零售推进的过程中，合伙人、阿巴米模式等企业组织变革问题很有可能经常遇到。

无论是传统实体零售企业，还是线上互联网电商，其要迈进新零售就必须推行 O2O，除此之外，还要对企业的内部管理进行重度优化，实现自我变革。

◆ 体验式零售

目前，我国消费者正在从"以时间换取收入"阶段朝"以收入换取闲暇"阶段迈进，所以，那些能满足消费者消磨闲暇时间需求的服务、体验式消费正在崛起。报告还表示：我国消费者的生活方式发生了很大的改变，服务消费比例逐渐增长，商品消费比例逐渐下降。在这种情况下，体验式零售的发展趋势越发明显，各种零售业态都有所显现。

（1）购物中心业态。这是一种发展势头较好的零售业态。因为人们的消费方式、生活方式发生了较大的改变，对体验式消费的需求越来越强烈，购物中心里面的游乐场、电影院、餐厅恰好满足了消费者的这一需求。在零售业中占比较高的购物中心有三个，分别是占比 67% 的深圳万象城，占比 55% 的南京德基广场，占比 40% 的广州正佳广场。

（2）百货业态。目前大部分百货业态都升级成了百货购物中心，其在零售中的占比均超过了 80%。

（3）超市业态。该领域的体验式零售模式的代表当属盒马鲜生，在业内，盒马鲜生的"生鲜超市 + 餐饮"模式曾轰动一时。

（4）便利店业态。7-11、全家、罗森等知名便利店的运营模式已转变为"快消品 + 餐饮"模式，并且在便利店的日销售额中，餐饮占比能达到 40%。

（5）实体零售业。在新零售演进的过程中，很多实体零售业都采用了体验式零售模式，但很多零售企业也因此陷入了困境，鲜有成功。为何实体零售企业选对了演化路径却频频遭遇失败呢？其根本原因就是很多实体零售企业没有做好人的经营。

比如，从经营方面来看，零售企业没有将消费者、商品数据化，无法真正做好用户经营；从员工角度来看，零售企业的利益分配方式不科学，无法吸引人才、留住人才。总而言之，实体零售企业要想真正迈进新零售，就必须学会经营人，做好人的经营。

传统零售的商业模式追求企业效率，新零售的商业模式追求用户体验，这两种经营思维有非常明显的区别。随着信息的透明程度越来越高，消费者掌握的消费主动权越来越大，新零售更适合未来的市场环境，更适合企业未来的发展。

◆零售 + 产业生态链

新零售追求用户体验，关注人，并倡导经营人。这里的人指的不仅是消费者，还包括零售企业内部的员工，上下游的商业合作者。

"零售 + 产业生态链"就是对产业链上下游的商业合作者予以关注，其模式属于平台模式。在这方面，阿里巴巴做出了很好的示范。下面就以阿里巴巴的淘宝个体户与 C2B 为例对"零售 + 产业生态链"这种模式进行探析。

（1）关注下游商家。淘宝之所以能十几年如一日地保持活力，就是因为其关心个体户的生死存亡。2011 年"十月围城"事件发生之后，淘宝网的类目搜索流量开始向个体户倾斜，再加上免费活动报名政策与一件代发系统的支持，淘宝个体化能很好地生存下去，正是这些淘宝个体户的努力才打造了一个包罗万象、应有尽有的购物搜索平台——淘宝网。

（2）关注上游商家。阿里巴巴曾大力推行 C2B 模式，在这种模式下，供应商能根据消费者需求定制商品，并快速地为其提供商品。李克强对 C2B 模式的解释是：C2B 就是消费者提出自己的需求，制造商根据这种需求设计、制造产品。在零售领域，C2B 模式引发了一场真正的革命。因为在 C2B 模式下，企业通过互联网与市场相连，能随时与消费者沟通，打破了孤立、封闭的现状，成为一种发展趋势。

上述案例告诉我们：新零售对人的关注是一种典型的生态思维，在这种思维的指导下，零售企业不仅能使自己受益，也能使他人受益。

京东与阿里巴巴就是"零售 + 产业生态链"模式的代表，它们不仅是一个零售平台，还为平台上的商家提供仓储物流服务、供应链金融服务、整合营销服务、IT 技术服务等多种类型的服务。在平台运营模式方面，阿里巴巴与京东开展了近十年的竞争，现阶段的竞争结果表示，相较于京东的自营模式来说，阿里巴巴的联营模式更适合综合电商平台。

从本质上来看，购物中心、大型连锁商超、百货商场都是综合零售平台，都能为商家提供各种增值服务。与线上购物平台一样，实体零售平台也存在商业模式之争，甚至是商业模式的重塑。离开平台运营思维，"零售 + 产业生态链"这种模式很难成功，因此，大型实体零售必须开展彻底的自我变革。

未来，新零售终将通过"以商品经营人"这种方法朝着重塑经营模式的

方向发展，这个经营模式必将以用户体验为中心。具体来看，其进化的方法有三种：第一，线上与线下融合；第二，零售 + 体验式消费；第三，零售 + 产业生态链。

▎盒马鲜生：新零售模式的实践探索

以用户需求为导向的新零售，强调抓住需求痛点，为用户创造价值。无论是选择重资产型的自建供应链及物流模式，还是选择和第三方商家合作的发展模式，零售企业都需要有较强的引流能力。

创业者及企业在探索新零售模式的过程中，在产品、技术、营销手段、商业模式、业务流程等诸多方面进行了创新发展。随着越来越多的玩家布局低门槛的小场景新零售业态，该领域的市场竞争已经日趋白热化，而盒马鲜生等玩家通过融合多个场景而被企业界给予了高度评价，其背后的逻辑是要围绕多个场景打造全新的销售空间。

盒马鲜生是阿里巴巴自营的生鲜类商超，2016 年 1 月在上海开设了第一家门店，到 2017 年，盒马鲜生在上海的门店就已达到 7 家，并成功进入宁波、北京市场。

盒马鲜生既有超市场景，又有餐饮场景，能够让用户获得随买随吃的"一站式"解决方案，根据自身的个性化需求在门店中选购食材，这使近几年越发突出的食品安全及卫生问题得到有效解决，而且可以让专业的厨师现场加工后享受各种美食。即便顾客仅是出于选购食材的考虑，也会因为这些就餐的顾客，而更为认可食材的品质与安全，从而带动门店经营业绩的增长。

从盒马鲜生这种同时覆盖多个场景的新零售业态而言，餐饮不仅承担了产品体验功能，更为门店带来了更大规模的流量。在品类组合方面，盒马鲜生和传统的超市、百货等零售业态有明显差异，其品类组合相对较浅，更为扁平化，通过简单烹制或加热即可食用的半成品及成品，让顾客此前在家里厨房完成的事情转移到门店中，从而延长了顾客停留时间。

永辉超市推出的"超级物种"、上品折扣推出的"上品 +"、世纪联华推出的"鲸选未来店"等诸多项目也是将多场景融合的典型代表，为顾客提供兼具家居、餐饮、书店及科技等多场景体验的销售空间。

强调为顾客创造价值也是新零售企业实现崛起的重要因素，从盒马鲜生创始人侯毅在社交媒体的发言中，我们可以看到，盒马鲜生的模式是基于全新的消费环境，实现消费价值观重构。在发展实践中，盒马鲜生利用当前人们追求泛娱乐的需求特征，使选购食材、做饭、吃饭等成为一种娱乐活动，让人们能够享受方便快捷的"一站式"购物体验，从而提高了顾客黏性及复购率。

盒马鲜生的出现不仅在传统零售业领域引发了震荡，其宣称的"线上线下相结合""自带餐厅、即买即烹""全程无现金操作""5千米30分钟送达"等功能与服务也对仓储、点餐、收银、销售管理等提出了巨大的考验。面对这种考验，盒马鲜生的手持终端设备供应商——东大集成采取了何种措施予以应对呢？

◆ 价签管理

盒马鲜生经营的商品有3000多种，这些商品来自全球103个国家，面对数量众多、价格频繁变化、种类不断更新的商品，为了做好价签管理，东大集成将AUTOID9手持终端作为主要设备。全新的AUTOID9手持终端延续了AUTOID系列产品的良好性能，其按键专门为单手操作而设计，其外形设计与人体工程学相符，整体设计超轻薄（重量只有270克），满足了盒马鲜生超长时间营业的需求。借助此设备，即便是人流量超大的节假日，盒马鲜生也能轻松应对。

目前，对于国内的实体零售业来说，虽然销售形式的创新是一大发展战略，但事实上，实体零售行业的发展仍要以工作效率的提升与工作成本的控制为前提。所以，盒马鲜生与东大集成建立了合作，借助东大集成先进的技术来提升运营效率，借助高端设备来控制运营成本。对于其他零售企业来说，盒马鲜生的这一做法非常值得借鉴。

◆ 仓储 / 配送

盒马鲜生使用全新AUTOID9手持终端的原因除了全新AUTOID9手持终端能满足门店长时间高效运营的需求之外，还因为全新AUTOID9手持终端适用于仓储配送系统，在该系统中有非常好的表现。

为了实现"5千米内30分钟送达"的配送目标，在消费者下单之后，盒马鲜生必须将商品分拣、打包、分配等环节与操作精确到秒，其中只要任何一个环节出现偏差或拖延，都有可能导致货物不能按时送到。

自引入全新AUTOID9手持终端设备之后，在该设备的高效辅助下，商品分拣、打包在1分钟内就可完成。在这种情况下，配送员配送商品的时间就比较充裕，保证商品能按时送到。由此可见，盒马鲜生之所以能实现"5千米30分钟送达"，不只是因为其做好了某个环节，而是因为其对所有的环节、所有的细节进行了优化，将每一步操作都精确到了秒。

◆餐厅体验

盒马鲜生的运营模式是"商超+餐厅"的模式，在这种模式下，消费者选购好食材之后，可现场烹饪制作。这种模式虽然为消费者带来了极大的方便，但是消费者却担心人多要排队等问题。面对该问题，盒马鲜生要如何平衡餐厅面积与客流量之间的关系呢？

为了平衡二者之间的关系，每个盒马餐厅都配备了AUTOID Pad。AUTOID Pad不仅拥有性能高、稳定性好的特点，还可以根据不同的需求搭载不同的配件，使其功能得以极大丰富，从而满足餐厅运营的多种需求。

比如，消费者在盒马餐厅点餐，工作人员会立即将点餐内容输入AUTOID Pad，该内容会同步传送给后厨，使点餐时间大幅缩短。点餐结束之后，消费者可通过AUTOID Pad直接付款，省去了找零环节，提升了结算付款的效率。待消费者点餐配齐之后，收银员会利用AUTOID Pad向消费者发出取餐通知，让顾客自己前来取餐，这样一来，餐厅无须配备取餐器，也无须招聘专门的取餐人员，很好地控制了餐厅运营成本，同时，顾客也无须在出餐口排队等待，避免了顾客长时间占据某一空间等问题的发生。

盒马鲜生模式的出现对仓储、物流、点餐、收银等环节的工作效率提出了很高的要求，对手持终端设备的稳定性、性能、耐用性产生了极大的挑战。换个角度来说，正是由于手持终端设备不断升级，新零售模式才能对市场需求表现出良好的适应性。

第5章 实践法则：
新零售落地的五大关键点

▍渠道拓展：丰富消费者购物场景

随着互联网电商的出现，人们获取商品的方式呈现出了多元化的特点，既可以从线下实体店购买，也可以在线上电商平台购买。近几年，随着互联网电商的迅猛发展，线下实体店受到了严重打压，互联网电商也遭遇了流量困境，在这种情况下，零售业要何去何从，新零售给出了答案。虽然关于新零售的走向还没有定论，但电商行业创新的大方向已定，电商行业要想继续生存、持续发展，就必须变革、创新。正因如此，阿里巴巴才会如此坚定地走上新零售之路。

任何事物的出现都有一定的缘由，新零售就是如此。因为用户痛点越来越多，传统电商模式增长乏力，外部竞争愈演愈烈，为了维护自己在电商领域的龙头地位，阿里巴巴非常坚定地在新零售领域布局。如果阿里巴巴因循守旧，不知变通，不尝试变革，其在电商领域的地位很有可能被竞争对手超越。为了避免这种情况发生，阿里巴巴积极地在线上线下布局，以来强化自己的地位，并因此诱发了一系列事件。

在新零售领域，阿里巴巴走在了前列。当然，京东、苏宁等企业也不甘落后，相继在新零售领域做了诸多尝试，以期获得新一轮增长。这些互联网企业试水新零售的策略非常相似，基本上都是从概念切入，对市场和商品进行细分，再共享消费时点。

对阿里巴巴、京东、苏宁等电商平台在新零售领域的布局进行分析可以发现，互联网企业布局新零售的流程就是打造一个全天候的渠道入口，对线上、线下用户进行整合，通过新科技的应用打造一种全新的体验模式，将用户引入场景消费，再借助便捷支付对消费者的线上消费习惯进行培养。

现如今，各大电商平台收购、注资线下商场、超市也好，借助内容、数据、营销等方式拓展线上平台也罢，他们都是在努力拓展销售渠道。在保证自己原有渠道优势的情况下引入了不同类型的渠道，获取了类型丰富的用户，还通过布局线下渠道挽回并转化线上流失的用户，成功地实现了用户留存。

事实上，这是一个全新的渠道入口概念，这个渠道入口具有全天候、多角度的特点。它事先设定好消费场景，将用户引入这些消费场景，满足用户随时随地消费的需求。在这种情况下，谁设置的消费场景多，其消费频次就高，就能最大限度地对用户的消费行为进行收集。全天候只是从大方面做出的简单概括，电商巨头在新零售领域的布局可以深入各个消费环节，这种从大到小的渠道布局就是利用场景化手段最大限度地获取用户留存与转化。

"渠道为王"法则在新零售领域永远适用，只是这里的渠道指的不仅是传统意义上的渠道，还是一种全新的表达，指的不仅是渠道概念的拓展，还包括渠道作用的升级。

渠道概念的强化、渠道入口的细分仅为用户直接使用新零售提供了一个机会，凭借这种流量手段，用户规模得以进一步拓展。而要想实现用户转化，关键还是要凭借方便、快捷的购物体验。所有的购物行为都是由人们的原始冲动触发的，如何触发这种冲动对新零售平台获取流量的实际转化率起着直接决定作用。实验证明，八到九成的购物行为都是无意识诱发的，要想让这种无意识的行为悄然发生，商家就必须打造超凡的用户体验。

渠道拓展就是将用户引入一个场景中，而在这个场景中要想让用户真正地下单购买，就必须借助流畅体验的真实需求。仅凭简单的互联网技术，这一想法显然难以实现，因为无论是网上商城设计，还是用户的筛选体验，都无法让用户自始至终处在一个连续的场景中。

▌技术应用：改变传统的零售形态

从技术层面看，新零售是以大数据、云计算、物联网、虚拟/增强现实（VR/AR）和人工智能（AI）等先进的互联网信息化技术为支撑的，因此，新零售变革很大程度上其实是零售技术的变革升级：

（1）大数据技术能够对消费者的各方面信息进行采集分析，帮助生产商实现"按需生产"、定制生产，并为零售商的精准营销、互动营销等提供有力支持。

（2）云计算服务打破了零售产业链中的"信息孤岛"现象，有助于为制造端和供应链输出更适宜的整体化解决方案。

（3）智慧物联网系统有助于线下各网点以及线下与线上网点的快速联动协同，从而实现生产端、销售端、物流端的高效无缝对接与驳运。

（4）3D、VR、AR等技术能够为消费者搭建多维度、沉浸式的消费体验场景，更容易触发顾客的购买行为。

（5）AI技术则能替代生产、供应、配送等诸多环节中一些简单的人工劳动，提高运营效率，并推动整体产业链的数字化、信息化、智能化升级。相关机构预测，随着人工智能技术的发展成熟和在零售业中的深度应用，到2025年AI技术将帮助零售业每年节省540亿美元的成本支出，并带来410亿美元的新收入。

场景断裂就表示用户会流失，如何让场景顺畅、严谨地连接起来是亟须互联网新技术解决的关键问题。借助互联网新技术，该问题能得以有效解决。将VR技术与新零售相连，VR沉浸式的体验就能将用户框定在预先设定好的情境中，商品浏览、试用、购买等一系列活动都能有序完成。在同一环境中进行场景切换，沉浸式的购物体验能让消费者实现无意识地、顺畅地购买。

如果说VR技术与新零售的结合仅提升了其硬件水平，那么以大数据为基础的商品推荐就能将用户引入特定的购物情境中。以用户的购物需求为核心，周围都是以过去的浏览数据、喜好数据、购买数据为基础推荐的商品。在这种模式下，用户无须再寻找商品、挑选商品，因为其看到的商品都符合自己的喜好。这种商品推荐方式与过去那种机械的商品推荐有明显不同，这种商品推荐用户更易接受，用户交易也更容易达成。

从这方面来看，如果渠道拓展让新零售拥有了类型多样的用户来源入口与消费场景，新科技的应用就诱发了用户不自觉的购买行为。在这种模式下，商品成交量会大幅提升，新零售销量也能从本质上得以提升。除新零售领域外，新科技在金融领域的应用也能让金融成为人们的一种生活方式。比如，京东众筹、苏宁众筹、聚米众筹，如果能将新科技元素融入项目展示之中，投资用户就能非常直接地对项目进行了解，从而推动投资直接实现。

▍支付体验：确保交易流程快捷化

支付流程的顺畅性与新零售时代的成交量密切相关，所以，无感化、便利化、智能化支付能否实现对新零售的成败有非常直接的影响。在这方面，用户支付习惯的培养是重点。为了培养用户的移动支付习惯，支付宝、微信支付等平台积极与线下的商场超市、共享平台、O2O 平台建立合作。在这里需要注意一点，就是用户线上支付习惯的培养只能从支付方式选择方面获取一定的流量，最终能否成功支付还在于支付体验是否良好。

支付宝、微信支付等移动支付工具的推广普及，再加上 NFC 技术在零售业应用程度日渐加深，使自助收银甚至是无人零售具备了落地基础。城市中随处可见的自动售货机不再仅销售瓶装饮料，消费者通过注册成为会员，扫描售货机上的二维码后，可以选择丰富多元的各类商品，选完商品后，机器会自动识别顾客选择的商品，并提醒顾客及时支付。

日本罗森（Lawson）连锁便利店中测试的收银机器人 Reji Robo 能够对消费者购物篮中的商品进行精准识别，并将顾客购买的所有商品及金额显示在屏幕中，当顾客完成支付后，即可直接提走已经被打包的商品。

亚马逊推出的无人便利店 Amazon Go 在全球范围内引发了广泛热议，顾客通过手机扫描二维码进入该门店后，所有的购物行为都会被系统存在数据库中，顾客选购完商品并离开门店后，系统会自动结算并在其亚马逊账户中扣费。

部分国内零售门店通过"RFID 芯片＋防盗锁扣"试水自助收银，消费者将想要购买的商品放在收银机前时，收银系统会结合会员优惠、满减促销等情况快速计算出应付金额，消费者通过扫描屏幕上的二维码完成支付后，商品上的防盗锁扣就会自动失效，极大地提升了结算效率。

自助收银的实现对减少门店人力成本也非常关键，当前，零售企业不仅面临着价格战与同质化竞争，租金、人力、物流等成本也在迅速增长，而自助收银可以有效减少结算环节的人力成本，提高门店经营效率。

与此同时，高效便捷的自助收银也迎合了年轻消费群体的购物习惯，作为新一代消费主体的"80后"及"90后"，愿意接受新鲜事物，更加强调个性化，对门店售货员喋喋不休地营销推广有较强的抵触心理，而集新技术、新体验为一身的自助收银能够很好地满足他们的消费需求。

此外，自助收银也能有效提升零售企业的数字化运营能力。数字经济时代，用户数据是企业的一项核心战略资源，而用户使用自助收银服务时，通常需要绑定支付宝或微信支付信息，部分企业为了获取更为多元的用户数据，还会推出注册会员享受更高折扣活动，从而使企业能够获取海量的用户数据资源，为后续开展产品定制生产及营销提供强有力的数据支撑。

可以预见的是，随着自助收银不断走向成熟，将有越来越多的零售实体店为顾客提供自助收银服务，在提高门店的结算效率，降低人力成本的同时，还能让顾客获得更为优质的购物体验，在零售业乃至各行各业引发一场前所未有的颠覆性变革。

当然，方便快捷的支付只能为用户提供一种独特的体验，只有培养消费者的线上支付习惯才能真正决定新零售能获取多少用户的青睐。因此，对于未来的支付来说，如何培养消费者便捷支付方式的使用习惯才是其真正需要解决的问题。

随着一系列新科技在支付领域广泛应用，这种支付方式终能成为现实。人眼识别、人脸识别、指纹支付等，这些以智能科技、生物科技为基础建立起来的支付应用为人们对未来支付方式的探索提供了正确的方向。很明显的一点是，相较于微信、支付宝扫码支付等与手机绑定的支付方式来说，人眼识别、指纹支付等支付方式更便捷。对于未来的支付来说，这种支付手段仅是最表层的应用，只有将支付变成人们日常生活的一部分，从"支付+"领域切入延伸出更多支付方式与支付表达，才能让支付对人们生活产生更深远

的影响。同样，这种做法将从本质上对新零售的逻辑产生影响。

▍物流响应：实现最后1千米配送

新零售的快捷性优势既体现在生产端对消费端的快速及时响应，也体现在缩减中间流通环节带来的物流配送效率的大幅提高。消费者在实体门店购物，可以直接在店铺的智能终端输入商品代码、下单支付，然后等待物流系统送货上门，而不必在门店收银台排队等候。

物流配送体系的成熟完善，则将使"半日达""1小时配送"等成为常态，从而有效解决电商平台的物流延迟痛点。物流配送"最后1千米"的解决，社区便利店和商业超市的广泛布局，将有效打通线上线下消费场景，用户线上购买的商品不必再从距离较远的仓储中心甚至省外配送，而是可以直接在附近的便利店或商超中提货或者由他们送达，从而极大优化整体购物体验。

通常来说，传统零售模式中的商品从生产端流通到消费端时，需要经过物流供应链、仓储管理及辐射区域三大环节。百货商店、超级市场，或者是电商平台，要想让商品能够销售给顾客从而完成价值变现，必须借助完整的物流供应链，不难发现，国内快递公司尤其是"四通一达"正是借助该物流供应链得以快速崛起。

仓储管理是物流供应链稳定运行的重要保障，其管理水平对企业的盈利能力有非常关键的影响。辐射区域代表了物流可以覆盖的区域，影响着商品的流通范围。

在新零售模式中，产品配送环节将得到进一步拓展。零售门店不仅展示及销售商品、提供售后服务，还兼具仓储管理功能，催生出仓店一体化的经营业态，线上的虚拟式体验和线下的场景式体验，都将在消费者购物消费时清晰地展示出来，物流和辐射区域也将变得更具想象空间。

阿里推出的盒马鲜生就是新零售模式的典型代表，基于大数据技术的盒马鲜生将线上线下充分融合，线下体验店不但可以为顾客提供产品及服务，而且是盒马APP的仓储、分拣及配送中心。

通过"前店后仓"模式，盒马鲜生和竞争对手实现了差异化，门店顶部安装了传送带，经过该传送带，盒马 APP 中得到的订单将会被运输到配送仓，然后进行分拣、打包，交付给专业配送人员为用户送货上门，而且门店周边3 千米内的订单将享受到半小时送达服务。

盒马鲜生门店中的商品都能够在 APP 中购买，用户可以随时购买那些自己在门店中实际体验过的美食，并享受送货上门服务。此外，顾客在盒马鲜生门店中不仅能够直接购买成品，还能自己选购食材，然后交由厨师现场加工制作，获得"边吃边逛"的全新体验。

在传统的电商模式下，用户在线上下单、付款，之后就需要等卖家从其所处地区发货，从卖家发货到收到货物需要 2～5 天时间，部分偏远地区所需时间更长。这种商品购买方式经常出现割裂情况，一旦用户的购买行为发生割裂，用户的购物体验就会深受影响，大幅下降。

新零售平台布局线下，就为用户在线下开展一体化购物提供了良好的保障，同时还能让用户享受到线上异地购买、线下同城取货的购物体验。也就是说，用户在线上下单购买某产品之后，无须长时间等待物流送货上门，可就近选择一家商场或超市取货。事实上，这才是新零售真正想带给人们的购物体验。

当然，这种购物体验应划归到物流范畴。新零售的任务就是打破现存的物流概念，将物流放到一个更广阔的领域，让其打破卖家与买家之间的局限，认识到物流是商品背后之事，用户只要拿到中意的商品即可。未来，物流将转变为一种仅停留在虚拟端与数字端的资源配送方式，其呈现方式也不再只是现实生活场景中的运输，更多的还是一种资源匹配。

▌品牌交互：精准对接消费者需求

在品牌塑造过程中，需要涉及品牌商、渠道与消费者三大要素。从渠道角度来看，在传统工业时代，报纸、杂志等传统媒体以及实体门店是核心渠道，而电子商务兴起后，社交媒体、电商平台、视频网站等网络平台成为新

的核心渠道，但这种渠道缺乏体验感，难以让消费者产生情感共鸣。

而在新零售模式中，品牌塑造也将得到全面拓展，实现全交互传递，品牌将与消费者进行面对面的交流沟通，信息将会被实时双向传达，从根本上解决信息不对称问题。

品牌方能够更为精准高效地获取消费者的个性化需求，从而为之提供更为完善的定制产品及服务，消费者则可以获得更为全面的信息，并将自身的意见与建议反馈给品牌商，促使其对产品与服务进行优化，形成良性循环。小米 MIUI 系统能够做到快速更新迭代，并非是因为其技术人员有多么优秀，而是因为大量小米粉丝的积极参与，是品牌和用户深入交互的直接体现。

而在物联网、大数据、云计算等新一代信息技术快速崛起的背景下，全交互传达也将表现出更为丰富多元的展示形式，比如，近两年在企业界受到广泛关注的"一品一码"就是全交互传达的一种新的展示形式。一品一码将借助二维码及物联网技术，为每一件产品提供一个独一无二的二维码，从而使产品可以被全程追踪，与用户产生更深层次的互动。

消费者使用随身携带的智能手机扫描二维码后，就可查询产品来源、识别真伪、获取代金券等，在带给用户更为优质的服务体验的同时，也能够让用户与企业建立良好的信任关系。

与此同时，品牌商可以通过开放微信、微博等社交媒体公众号一键扫码关注通道，来与用户进行实时交流沟通，搜集更多维度的用户数据，然后借助大数据技术高效处理及分析这些数据，为开展定制生产、营销提供专业指导。此外，一品一码还能够让品牌商对产品流通有更强的监管能力，有效解决窜货、压价等问题。

零售企业能够获得成功无非是通过两个方面，其一是控制成本、提高效率；其二是为顾客提供极致体验。新零售模式中，供给侧的技术革新和需求侧的消费升级，将给零售企业在这两个方面提供更为广阔的发展空间。

和传统零售相比，新零售具有更高的维度，如果企业不能及时转型，很容易被布局新零售模式的竞争对手淘汰出局，这要求广大创业者及企业在行业巨头的新零售布局尚未成型之际，抓住短暂的窗口期，积极拥抱变革，主动进行革新，从而在未来的激烈市场竞争中能够生存下来并不断发展壮大。

第6章 供给侧时代背景下的新零售运营路径

释放新动能：新零售推动经济发展

新零售从整体上推动了社会经济的发展，创造了更多的税收，有力地促进了社会就业，带动了创新，有助于我国零售业与国际市场接轨。

◆ 为社会经济发展注入活力

从根本层面上来分析，新零售是依托平台型企业，实现企业运营过程中各个环节与大数据、互联网技术的深度结合，改革企业的生产方式，帮助企业实现成本控制，挖掘市场消费潜能，为社会经济的发展注入活力。

企业纳税额的增长能够体现出社会经济的快速发展。比如电商巨头阿里，2013年时阿里巴巴的纳税额为70亿元人民币，到2014年增至109亿元，增长了56.4%，2015年增至178亿元，到2016年，阿里巴巴集团与蚂蚁金服集团总共纳税238亿元。

与此同时，很多天猫新零售品牌也为国家税收做出了积极贡献，"三只松鼠"就是这方面的典型代表。数据统计结果显示，2013年"三只松鼠"的纳税额达到12万元，2014年增加到600万元，2015年为4300万元，到2016年时上涨到1.5亿元，为国家财政税收做出了积极贡献。现如今，很多天猫新零售品牌都获得了迅速发展，在不久的将来可能面向社会公众公开招股。

在新零售时代下，随着零售商的发展，位于供应链开端的品牌商与制造商的产值也迅速提高。供应链运营包括商品生产、批发、零售等诸多环节，

研究结果表明，在整个供应链运营过程中，由生产与批发环节创造的产值占到总体的 89%，零售环节实现的产值则为 11%。

◆促进社会就业

新零售促进了移动互联网、云计算的应用，同时提高了数据资源的利用率，对人们潜在的消费需求进行了挖掘，能够为创新创业提供更好的市场环境。在新零售时代下，企业可通过多元化渠道与消费者进行互动，在双方互动过程中对消费者需求进行把握，进而实现市场开拓，这也为创业者提供了更多发展机遇，在原有基础上增加了许多工作岗位。举例来说，"云客服"是随着新零售平台的发展兴起的工作岗位，从业者负责通过网络平台，向消费者提供信息咨询服务，满足消费者的需求。

在新零售时代下，线上渠道与线下渠道的无缝对接，扩大了零售企业与消费者的接触面，拉近了人与资源之间的距离，能够有效跨越时空因素，促进社会就业。数据统计显示，到 2017 年，阿里巴巴的内容电商从业者数量达百万以上，与电商行业相关的工作还包括数据获取、数据分析、货品分拣、直播促销等，这些活动都能够带动社会就业，提高整体就业率。

新零售能够促进品牌商的发展，为相关领域（比如物流）的成长起到带动作用，在此基础上催生更多的新生岗位，促进就业。根据中国人民大学劳动人事学院的统计，到 2016 年年底，阿里巴巴零售平台带动的就业达 3300 万，为各行各业的创业者提供了有效的平台支持，大批成功创业者诞生，为许多人提供了就业岗位。

◆推动创新

在新零售发展过程中，技术发挥着重要的支撑作用。大数据与云计算的应用加速了零售行业的运营，驱动企业加快进行创新；另外，新零售加速了生产商的产品设计与制造，促使相关行业实现生产流程的优化升级，将先进技术应用到产品研发环节中。成功的技术创新会被其他同类行业争相效仿，进一步扩大先进技术的应用范围，带动整个行业的创新与发展。

◆实现国内企业与国际市场的接轨

新零售能够促进传统零售商的转型，使电商企业进行线下拓展，实现企业的一体化运营。这种模式能够为企业带来更多的发展机遇，在实现国内市场扩大的同时，走向海外。企业可依托跨境平台开展国际贸易，进行更大范围的市场扩张，积极学习海外优秀企业的发展经验，提高自身的竞争实力，逐步在国际市场占据一席之地。

天猫于 2017 年"618"之前正式推出海外项目，进一步促进阿里全球化战略的实施，旨在依托阿里丰富的商品资源，利用集团在长期发展过程中积累的技术优势、数据资源、物流网络体系等，在海外市场进行扩张，具体包括印度、东南亚等国家，促进当地的经济发展，为更多消费者提供商品与服务。

举例来说，羽绒服品牌波司登借助天猫平台拓展海外市场。借助天猫的平台与资源优势，波司登在澳大利亚开展运营，并将品牌的宣传任务交给天猫平台来完成。通过联手天猫平台，波司登无须在海外市场建设实体门店，能够有效降低自身的成本消耗，缩短企业进军国际市场的进程。

▌价值链重构：促进供给与需求平衡

在我国供给侧结构性改革不断深入的背景下，快速崛起的新零售被赋予了极高的期望。在 2017 年"两会"上，"实现实体店销售和网络购物融合发展"更是被写进了政府工作报告之中。在数字经济时代，实现对传统商业生产、流通及消费的信息化、数字化，提高效率、降低成本，创新商业模式、管理及运营手段，从而获得新的利润增长点，是一种不可阻挡的主流趋势。

在未来相当长的一段时间内，消费仍将是驱动我国经济稳定健康发展的重要驱动力，而新零售对消费市场将会产生十分关键的影响。需要注意的是，新零售并非是否定传统零售，传统实体零售在新零售中仍将继续存在，并将发挥十分关键的作用，它能够与网络零售实现优势互补，互惠共赢。

零售业的变革不仅会受到上游供给侧的影响，下游需求侧的革新也发挥着关键作用。我们不妨从近代零售业的变革进行分析：

由百货公司掀起的首次零售业变革背后，建筑与电器技术是主要驱动力，空调、电梯、照明设备、产品陈列等使百货公司受到了供应商和广大消费者的青睐，经营面积的扩大使百货公司能够为供应商提供庞大订单，让工厂可

以进行大规模的批量生产，从而降低了生产成本。而舒适宜人的购物环境、品类齐全的多元商品，让消费者能够方便快捷地购买自己想要的商品，大幅度提升了顾客体验。

超级市场的出现引发了第二次零售业变革，此次变革的驱动力包括计算机技术与设备、条形码广泛应用、安全便捷的信用卡支付等，超级市场将海量的商品按照其各自的品类放置在货架中，并通过标签清晰地展示型号与价格，顾客可以根据自己的个性化需求购买，最终进行集中结算，给顾客带来了全新的购物体验。

电子商务则促使零售业发生了第三次变革，互联网技术、在线支付、物流基础设施的日渐完善等为电子商务在我国的快速发展奠定了坚实基础。物理空间限制被打破的局面下，网络购物不受时间和空间的限制，有效降低了卖家的经营成本，消费者可以选择的商品范围更为广泛，而且有快递公司提供送货上门服务，能够明显提升顾客满意度。

不难发现，在前三次的零售业变革中，供给侧的技术创新都发挥了十分关键的作用，工程技术、扫描通信技术、互联网、物联网等诸多技术的发展，提高了交易效率，降低了交易成本，给顾客带来更为完善的购物体验，并促使零售业实现了转型升级。

在新零售的崛起所引发的第四次零售业变革中，供给侧和需求侧都提供了强大推力，"互联网+"和大数据、云计算等新技术改变了零售思维模式与经营理念，消费升级则使零售业变革进程明显加快。此外，人工智能、物联网、虚拟现实、移动互联网等技术在各行业的应用，催生出了丰富多元的零售业态，使新零售的形式与内涵变得更为丰富。

从本质上来说，新零售是一种互联网新技术在商业领域更深层次的应用和发展，也是一种全新的商业模式，未来将会催生出一系列新兴业态，让更多的创业者及企业享受模式红利。

能否带来极致消费体验将成为企业在新零售战争中生存的关键所在，将线上与线下无缝对接的平台将网罗海量的多源数据，描绘出更为立体化的用户画像，指导生产商及服务商的运营管理，并为用户提供充分满足其个性化需求的定制产品及服务。

更为关键的是，在新零售模式中，自动化的智能技术将实现对线上线下优质资源的高度整合，对消费者获取商品的渠道与方式进行改造升级，利用 AR/VR 技术提高信息透明度与用户体验，让更多的国产品牌能够走上世界舞台。

新零售所改变的并非仅是零售领域，在这个过程中，产业链和价值链都将被重构，围绕消费需求进行资源及市场要素的重新配置，从而打造出全新的商业生态，这对我国制造业的转型升级以及推动创新创业将产生强大推力。

新零售的不断发展，将使社会生产体系、销售体系及消费体系发生重大转变，从而导致整个社会结构体系发生转变，为中国经济转型增添新动能。从阿里、京东、国美、苏宁等国内零售巨头在新零售领域的布局及战略规划来看，新一轮零售革命序幕已经悄然拉开。

在新零售路径选择方面，不难发现，电商企业发力线下走的是技术驱动之路，而传统零售企业布局线上则是通过转型和创新进行零售改良，之所以会出现这种差异，很大程度上是因为二者掌握的优质资源类型有所不同。

当然，双方最终目标的一致性也决定了二者的发展路径存在一些共性，比如，技术尤其是大数据、云计算、物联网、人工智能等新一代信息技术都在其中扮演着关键角色；消费需求是核心要素，为用户创造价值被提升到了新的战略高度；提高效率、降低成本成为二者追求的重要目标。

从宏观经济发展的角度来看，新零售模式将通过生产、消费、服务等诸多环节的创新，促进供给与需求更为平衡，而这也是我国政府实施供给侧结构性改革的终极目标。随着新零售模式的逐渐落地，线上线下将会深入融合，物流更趋智能化、智慧化，社会资源能够在全国范围内更为高效低成本的自由流动，为我国加快供给侧结构性改革进程提供强大推力，助力中国经济提质增效，实现弯道超车。

▌流通创新：有效提升商品流通效率

在新零售时代下，企业纷纷对传统产业链构成、商品流通方式实施改革，推动了消费市场的变化与升级，促进了整体经济的发展，将互联网与流通行

业的发展融为一体，并促使传统零售业实施转型，从供给侧出发优化自身运营等，是对国家政策的响应。

身处新零售时代下，企业对原有流通体系实施了改革，实现了商业模式的创新，加速了流通体系的运转，减少了成本消耗。

◆对商品流通体系进行调整

传统模式下，企业的商品自生产企业开始，中间要经历层层批发商，然后到达零售商手中，商品流通的效率十分低下。新零售简化了商品流通的中间过程，使商品从品牌商到达经销商、再到零售商，然后就能面向消费者，部分企业还跨越了经销商，只需通过零售商就能与消费者进行交易，大大提升了商品流通效率。

阿里的"一站式"进货平台"零售通"对线下零售业进行了改革与升级，"农村淘宝"战略项目则实现了农村地区商品流通体系的革新。

比如阿里巴巴的"零售通"，依托阿里的云平台，为品牌商、经销商及零售商之间的沟通互动提供平台支持，促成他们之间的合作，为经销商和零售商的信息技术应用提供指导，使供应方与零售终端不必经过层层中间商也能实现交易，这种方式既能帮助零售商与优质品牌商达成合作关系，又能帮助品牌商减少渠道拓展方面的成本消耗。

以"零售通"为代表的平台对线下小型零售店进行了优化改革，增加了其商品类，提高了其商品质量，使这些零售店更具吸引力。

◆创新商业模式

为跟上新零售时代发展的步伐，企业围绕消费者需求展开运营，积极应用数字化技术，对现有的商业要素组成方式进行了调整，改革了传统的商业模式与运营方式。为实现自身转型升级，银泰集团联手阿里共同进军新零售领域，在合作过程中，银泰借助阿里的云服务系统，提高自身在卖场经营、商品销售、供应链管理、会员关系维护等各个方面的信息化与智能化水平。

银泰在布局新零售的过程中，实现了线上与线下的一体化运营，扩大了与消费者的接触范围，拓展了企业的营销渠道。在商业模式创新方面，天猫联手卡西欧搭建的"智慧门店"也是成功的实践案例，自此，卡西欧成为新零售的行业领军者。

◆ 提高流通效率

新零售能够大大提高信息开放程度，实现品牌方与零售企业之间的有效沟通，减少企业中间环节的成本消耗，提高流通效率。

从消费者的角度来分析，新零售能够实现线上渠道与线下渠道之间的无缝对接，为其呈现生动的购物场景，帮助他们节省购物时间与精力。以"智慧门店"为例，银泰集团在卖场内安装了智能显示屏，该设备采用云系统收录了卖场内的所有商品品类，消费者可通过大屏幕进行商品浏览与选择，大大节约其时间成本，实践证明，这种创新化的运营方式提高了卡西欧的营业额。

生鲜电商平台盒马鲜生打通了线上渠道与线下渠道的运营，有效体提高了门店坪效。传统零售门店每平方米产出的营业额通常为 1.5 万元左右，进军新零售的盒马鲜生位于上海的第一家门店金桥店在 2016 年达到每平方米产出 5.6 万元的坪效，是传统零售门店的 3 倍之多。

从生产商的角度来分析，新零售能够促进生产商与零售商之间的信息交流。在运营过程中，零售商可将自己获取的消费者数据传递给品牌商，为品牌商的经营提供有效的信息参考，提高其市场营销的针对性，帮助企业降低成本消耗。

从商品流通的角度来分析，新零售能够省略掉传统流通模式下的许多中间环节，加速实现商品流通，降低企业在流通环节的成本消耗，提高企业的技术应用水平与能力。

阿里联合银泰集团等共同组建的菜鸟网络利用大数据智能算法进行订单处理，能够将快递公司与网点的运营联结起来，将误差控制在 2% 以下，在原有基础上加速货品分拣。在发展过程中，菜鸟网络不断实现快递网络的优化与完善，能够加速完成包裹配送，为物流相关产业的发展提供了重要保障。

对天猫平台"双 11"购物狂欢节期间的包裹配送时间进行分析可发现，2013 年时，物流公司配送 1 亿件包裹所需的时间为 48 小时，2014 年缩短为 24 小时，2015 年缩短为 16 小时。新零售利用大数据，对电商促销节的物流需求进行了有效分析，找到了问题根源，建成完善的物流网络，有效提升了物流行业的运营效率。

需求驱动：零售渠道由对立到融合

零售商在商业生态中扮演着重要的角色，在供应商与零售商之间起到联结作用，并拉近了企业与消费者之间的距离，推动了企业的发展，满足了消费者的需求。

身处新零售时代中的零售商能够为供应商的发展起到积极的推动作用。在传统零售模式下，生产企业与商家之间的关系相互对立，各自都为维护自身利益互不相让。新零售时代下，消费者的地位大大提升，两者之间转为合作关系，共同致力于满足消费者的需求。

零售企业会对消费者数据进行获取与分析，并将数据资源及分析结果分享给供应商，使供应商充分把握消费者的需求，据此进行产品设计与研发，使最终输出的产品更符合消费者的偏好。举例来说，天猫平台联手化妆品品牌，在经营过程中对消费者特征进行分析与提取，为品牌商的产品研发提供有效的数据参考，提高其产品研发效率。

天猫公布的数据显示，在大数据应用的基础上，某品牌方的产品研发周期缩短到原本的1/2，通过应用先进的技术手段，企业可大大缩短用于市场调研、市场需求变化抽测、目标消费者定位方面的时间消耗，加速企业的产品研发进程，提高其整体运营效率。

以全渠道运营方式推动品牌商的发展。新零售能够实现线上与线下渠道之间的对接，帮助企业实现一体化运营，新零售平台能够拉近生产商与零售终端之间的距离，为品牌商的发展注入动力。

举例来说，银泰与阿里合作推出线上线下一体化运营的"生活选集"，将天猫平台的银泰百货旗舰店、银泰实体店的运营结合起来，使不同渠道的商品价格保持一致。对于线上品牌商而言，这种经营方式能够使商家在线下拓展运营；对于顾客而言，实体店能够满足消费者的体验需求，增加其消费动机。

传统零售模式下，零售商为卖方，消费者为买方，双方之间除了交易之外并无其他联系；新零售时代下，零售商与消费者之间的接触面更广，双方之间的联系更为紧密，零售商能够为消费者提供更加优质的体验。

　　零售商增加了与消费者之间的活动，深入其需求层次。新零售平台利用大数据技术，能够对消费者的相关信息进行获取与分析，据此挖掘消费者的内在需求，把握其消费习惯及行为特征。

　　在了解消费者需求的基础上，新零售平台会推出增值服务，同时将消费者的数据信息发送给生产企业，为企业的产品研发及生产提供指导。在这个过程中，零售商在生产企业与消费者之间发挥着桥梁作用，能够对消费者的需求进行收集与反馈。

　　线上线下一体化营销方式能够提高顾客的忠诚度。通过零售平台商，新零售能够将不同渠道、不同终端的运营结合起来，使品牌商、分销商、零售终端及服务提供者能够将线上与线下渠道的经营、营销融为一体。也就是说，全渠道零售拉近了品牌方、零售企业与消费者之间的距离，使消费者能够随时随地进行商品选购，并有效扩大了品牌方、零售企业与消费者之间的接触面。

　　2017 年"618"年中大促时，天猫联手 SK-II 等美妆品牌推出"新零售体验馆"，实现线上线下会员用户的统一管理，为了满足消费者的体验需求，平台运用虚拟现实技术，与专业美容师合作，针对线上消费者推出彩妆试用体验服务。在活动期间，消费者可以向美容师咨询相关问题，进一步认可品牌及平台的运营。

▌生产变革：打造柔性化供应链体系

　　新零售时代下，企业纷纷对传统生产模式进行变革，更加注重消费者需求的满足，并开始推出定制化服务。

◆需求主导供应链

　　传统模式下，在供应链运营过程中，生产商与供应商占据主导地位，企业的产品研发与生产安排也是由生产商决定的，生产商负责决策制定与目标确立，之后再将决策下达给供应链上的其他环节的企业，包括经销商、零售商等。在这种情况下，企业的生产难以符合市场需求，企业经常出现货品囤积严重的情况。

新零售对供应链的价值组成进行调整，消费者需求在供应链运营过程中发挥主导作用。在这种模式下，零售商会利用大数据描述消费者的日常生活及消费场景，找到消费者的需求，并把握其消费习惯，然后将数据分析结果分享给品牌商与供应商。

接下来，接到消费者需求信息的品牌商会据此实施产品研发，安排产品生产，根据市场需求的变化情况制订生产计划。在此期间，消费者需求决定其产品开发与生产，供应链上各个环节的企业都要根据市场需求展开运营。

◆根据市场需求安排生产

新零售利用大数据技术，准确把握消费者需求，改革了制造业的生产模式，提高了其市场应变能力。传统模式下，商家的供给不符合市场需求，商品生产数量远远超过消费者的实际需求；新零售则能够解决这些问题，帮助企业锁定消费者群体，参考当下的市场需求进行生产，使自身运营更符合市场变化趋势。在这方面，天猫平台联手家电品牌实现了按需生产。

洗衣机产品有规格、容量之分。很多家电品牌会生产9升洗衣机，天猫平台依靠大数据分析结果对该产品的市场需求进行了科学预测，发现10升洗衣机的市场需求量更大。所以，该家电品牌用10升洗衣机代替9升洗衣机，大大提高了产品销量。在这种模式下，制造企业能够根据市场需求组织生产活动，有效降低库存量，推动整体发展。

◆定制化生产

传统模式下以批量化生产为主，新零售改革了传统的生产方式，提高了企业生产的灵活性，变批量化生产为定制化生产，使企业实现了对生产环节的精细化管理。

不同于以往，消费者越来越注重自身的个性化需求，传统的批量化生产方式无法满足市场需求，驱使企业对生产方式实施改革，提供其灵活性及市场应对能力。

天猫与五芳斋、奥利奥的联手是这方面的典型代表。2017年端午期间，五芳斋在天猫平台推出定制粽，消费者可在线上平台选择粽子的馅料组成，根据自己的偏好决定粽子的口味。这与传统的大规模、批量化产品生产方式完全不同，能够满足消费者的个人需求，实现定制化生产。

天猫与奥利奥的联手也十分具有代表性。天猫平台将消费者数据与食品品牌奥利奥进行共享，后者对传统交易流程进行了革新，上线定制化项目，允许消费者进行产品定制，在线上平台下单定制化饼干。统计结果显示，该活动推出后3天，产品销售数量达4万份，总体销售额达600万元。

▎消费升级：满足消费者多元化需求

近年来，随着经济的发展，人们的消费能力及消费水平逐渐提高，国内市场进入消费升级时期。消费升级的出现为新零售的发展提供了良好的环境条件，与此同时，新零售也促进了消费升级，使人们的消费观念、消费方式等发生了变化。

◆升级消费体验

新零售带给消费者更加优质的体验，消费者的关注点也从产品功能转移到自身的心理需求上。以生鲜电商盒马鲜生为例，该平台不同于传统的菜市场、餐饮业、便利店或者超市，但同时包揽了这几种功能，利用现代物流开展电商化运营。

盒马鲜生实现了线上线下的一体化运营，在其实体门店3千米范围之内，可为消费者提供30分钟送货上门服务。这个区域范围内的房子也被称为"盒区房"，说明盒马鲜生的经营受到诸多消费者的追捧。

◆优化消费结构

在新零售时代下，消费者不仅能够获得多元化的商品，还能获得商家提供的优质服务，在基本需求得到满足的基础上，消费者开始将目光转移到服务内容上。在这方面，银泰集团联手天猫，在线上渠道展开业务运营，拓展了实体经济的渠道，实现自身经营、营销方式的升级。

阿里于2015年5月上线逛街神器"喵街"，向实体商家提供互联网商业解决方案，为消费者提供"一站式"逛街服务，使消费者能够快速找到商场、快速停车，及时了解商家的活动信息等，帮助实体商家实现服务升级。

天猫与银泰实现了会员信息的共享，能够对消费者的身份进行快速识别

与统一管理，据此实施精准化营销，满足其个性化需求。由此可见，新零售平台能够为实体商家提供更多的发展机遇。

◆ **丰富消费者的渠道选择**

新零售时代下，消费者可通过多元化渠道进行商品与服务选购，与此同时，商家还为高端消费者提供了符合其消费档次的商品。举例来说，天猫国际为国内消费者提供品类多样的海外进口商品，能够为消费者提供满意的商品与服务。

新零售时代下，国内消费者能够获得更好的跨境购物体验。阿里巴巴于2017年5月25日在日本东京宣布实施"全球原产地溯源计划"，对所有源自海外的商品都进行详细的信息记录，减少国内消费者对产品质量的担忧。

根据美国彭博社的报道，随着中国跨境电商的迅速发展，相比于通过海外旅游的方式大批量采购海外商品，中国消费者更倾向于选择跨境购物。易观智库发布的《中国跨境进口零售电商市场季度监测分析2016年第四季度》报告显示，2016年中国跨境进口零售电商市场规模达957.1亿元，天猫国际的市场份额达到18.9元，位于行业榜首。

▍国内新零售如何应对全球化竞争

新零售作为未来零售行业的主流业态，其未来将会有广阔的发展前景，无论是阿里、京东等电商巨头布局线下，还是沃尔玛、苏宁、永辉等布局线上，都是为了抢占新零售风口，从日益激烈而残酷的市场竞争中成功突围。

在国内零售市场中，以阿里为代表的积极探索者，使新零售在我国开始得到大范围推广，为了提高中国新零售在国际市场中的竞争力，必须做好以下几个方面：

◆ **释放大数据潜在能量**

作为一种新兴经济形态的数字经济爆发出了前所未有的巨大能量，大数据、云计算等新一代信息技术的应用，使得消费结构得到了进一步优化，社会流通效率大幅度提升。大数据在零售业的变革与发展中将发挥不可取代的关键作用。不过在将大数据技术应用到运营实践方面，国内企业尤其是传统零售企业还存在较大的改善空间。

大数据技术可以帮助零售企业分析消费需求，预测市场态势，描绘立体化的用户画像，指导企业开发满足用户个性化需求的新产品，优化生产流程，开展定制营销，提高用户满意度等，是零售企业建立市场竞争力的有效工具。

阿里、京东等电商巨头在应用大数据技术方面已经取得了一定的领先优势，未来需要充分发挥其示范作用，积极推进跨区域、跨平台、跨行业的数据资源整合，使政府部门与传统企业积累的海量数据资源得到充分发掘，研发更多的大数据产品，帮助国内零售企业提高经营与管理水平，加快我国零售业的互联网化转型进程，提高资源流通效率，灵活应对携巨额资本与先进管理经验而来的海外零售巨头。

此外，国内零售企业应该积极配合政府部门以及行业协会的监督与指导工作，建立统一的信息标准，加强与产业链上下游环节的信息共享，通过打造完善的闭环生态为顾客提供"一站式"购物体验。

◆**构建商业治理新体系**

新零售模式有效推动了线上与线下的深度融合，商品流通环节的数据将在产业链上下游企业之间高度共享，不但能够有助于降低商品交易成本，还能让生产商、渠道商、零售商、消费者在内的各参与主体实时了解商品的流通状态，这将为构建商业治理新体系提供强有力的数据支撑。

打造电子商务信用体系是构建商业治理新体系工作中的重要一环，它需要强化对生产者及经营者的管控能力，建立涵盖事前、事中及事后相结合的监督机制，在提高交易安全，降低交易风险的同时，也将为我国的诚信体系建设工作提供强大推力。

阿里、京东等国内电商巨头应该加强对商家的监管力度，应用大数据技术、智能算法等新技术严厉打击假冒伪劣产品，打造商品流通全流程追溯体系，鼓励用户积极参与到对零售企业规范经营的监督工作中来。与此同时，还要积极组织零售企业建立产品质量信息共享联盟，并为公众提供方便快捷的信息查询通道，定期公示平台中的失信及违法企业黑名单，为广大消费者提供一个安全、便捷、透明的购物环境。

此外，阿里、京东等电商巨头还应该充分利用自身在培养用户消费习惯方面的影响力，引导消费者树立健康的消费价值观，变革传统消费观念，重视信用消费，提高人们的诚信意识，为我国零售业进一步发展并走上成熟奠定坚实基础。

◆补足农产品上行短板

新零售模式的出现，为我国建立起完善的新型农产品供应链体系提供了行之有效的探索路径。在物联网、车联网、智慧物流体系等新技术与新工具的支撑下，农产品上行通道被逐渐打通，并将形成一条全新的农产品供应链。

将大数据、云计算等新技术应用到农业领域后，农产品盲目生产、污染严重、质量不稳定，农产品流通环节众多，销售受阻等诸多问题将得到逐步解决，在给城市居民带来优质、绿色、新鲜农产品的同时，还将提高农户收入，进一步缩短城乡差距。

平台企业应该积极发挥自身的技术及模式优势，推进新零售模式在农产品上行环节的应用创新，通过数字经济赋能农产品流通，提高农产品流通效率，并降低流通成本。与此同时，还应该充分利用新媒体、专业人才等优质资源，引导传统农产品企业积极触网，并和第三方物流服务商开展更为深入、全面的交流合作，解决损耗严重、质量难以保证等农产品流通痛点。

◆助力中国企业走出去

随着"一带一路"倡议的持续推进，越来越多的国内优质产品和品牌走上世界舞台，在为海外消费者提供优质产品的同时，也为推动我国产业结构转型提供了强大推力。

在相当长的一段时间里，我国外贸企业参与国际市场竞争主要是借助成本与规模优势，而在我国经济长期面临较大下行压力、人力成本不断上涨的背景下，这种发展模式已经难以为继。未来，需要国内企业积极借助新零售模式完成数字化转型，实现"互联网＋"进出口贸易。

在国内企业进军世界市场的过程中，需要深入分析海外用户需求，从消费习惯、地域特色、历史文化等多个维度描绘用户画像。国内跨境电商平台应该积极发掘其积累的海量国外消费数据资源，为政府部门制定行业政策提供数据支撑，帮助国内企业在国际市场中打造出强大的核心竞争力。

Part 3

新 物 流：

决 战 新 零 售 最 后 1 千 米

第7章　新物流：
新零售时代的现代物流体系

▌新零售给物流业带来怎样的变化

"新零售"概念一经提出就迅速蹿红，成为电商领域的热议话题，同时，纯电商企业与传统零售企业也采取了相应措施，积极地在新零售领域布局。其中，纯电商开始积极地与实体零售企业合作开拓线下渠道，传统实体零售企业也开始朝线上拓展。在这种情况下，与电商发展密切相关的物流将发生何种变化呢？

新零售指的是企业在互联网环境下，利用大数据、人工智能等先进技术对商品生产、流通、销售的全过程进行改造，对业态结构与生态圈进行重塑，并对线上、线下及物流进行深度整合的零售模式。

根据马云对新零售的解释，未来，纯电商与纯线下实体零售将消失，线上、线下与物流将相互结合，催生出新零售。其中，线上指的是云平台、纯电商，线下指的是线下零售门店与生产商，新物流将使囤货量大幅减少，使库存被彻底消灭。纯电商会消失指的是现有的电商平台会逐渐分散，每个商家都有独属于自己的电商平台，无须再入驻天猫、京东等大型综合电商平台。

新零售之所以强调与现代物流相结合，是因为物流是联结线上与线下的重要纽带，并且，借助新物流消灭库存，让线下实体得到解放是新零售的重要目标。那什么是新物流呢？举个例子来说，京东的物流模式就非常贴近新物流，当然这种说法有一个前提条件，就是相较于淘宝等其他电商平台的物流模式来说。

在分析新物流之前，我们先来了解一下我国的物流发展情况。在我国 GDP 中，物流成本占比 17.8%，相当于发达国家的 3 倍。对于制造商来说，在成品成本中，物流成本占比 30%~40%，这些成本都将通过产品价格体现出来。对于企业来说，这为他们带来了相当大的压力。

那么，对于零售企业而言，应该如何打造现代物流？在探究这个问题之前，我们要先了解一个核心问题，就是搬运次数。搬运次数指的是一个产品从生产出来到进入零售店这个过程中被搬运的次数。据统计，在中国零售市场上，商品平均搬运次数是 7 次，也就是说，一件商品生产出来之后，要周转 7 次才能到消费者手中，这个成本非常大。

在新零售时代，速度不再是物流企业比拼的主要内容，库存积压才是。因为对于商家来说，库存积压也会产生费用，且这种费用并不比传统的仓储配送费用少。在新零售环境下，物流要对某一产品的销量做出精准预测，合理地调拨库存，一方面降低企业的物流成本，另一方面提升消费者的用户体验。

未来，纯电商将彻底消失，新零售将成为最主要的零售业态。新零售将拉近用户与产品研发，推动供应链开展全方位变革。在此条件下，物流服务需求将实现全方位革新。具体来看，新零售给物流带来了何种变化呢？

（1）在新零售环境下，物流运营必须关注客户需求，而非产品。用户需求多种多样，从"场—货—人"到"人—货—场"不一而足。

（2）在新零售环境下，交易要实现全渠道化，将线上电商、线下实体零售、社群经济、社交电商、社区体验全面融合在一起。

（3）在新零售环境下，供应链运营要采取 C2B 模式，要以用户需求为指导，以产品定制化、大数据化、渠道扁平化、人工智能为基础构建能实现快速响应的物流网络。

（4）在新零售环境下，品牌方要求物流能实现快速响应，能多批次、少批量地配送商品。大部分品牌将采用 O2O 众包物流，也就是干线 + 门店集散配送 + 最后 1 千米的物流形式。

（5）在新零售环境下，干线物流将转型发展，不再采用渠道压货模式，

而是采用有效用户订单驱动的直发模式，工厂直接发货到消费者所在城市，货物发送以零担、大包裹为主，干线将摒弃第三方物流的整车模式及集约化的小包裹快递模式，快速专线物流将迎来发展契机。

▎新物流：新零售发展的核心驱动力

新物流是新零售发展的核心驱动力。只有具备完善的物流体系，新零售才能维持正常运转，企业才能实现线上渠道与线下渠道之间的无缝对接，解决终端的物流配送问题，并从整体上推动社会经济的发展。

近年来，中国新经济呈现快速发展趋势，其中，新零售构成了总体经济的重要组成部分，是经济发展的重要带动者。以零售巨头阿里巴巴为例，其2018财年第一季度的业绩报告显示，阿里斩获501.84亿元的收入，同比增长率达56%。随着新零售战略的实施，天猫的发展十分迅速，财报显示，天猫平台的交易额实现49%的增长。

2017年"两会"期间，李克强在政府工作报告中强调，要"推动实体店销售和网购融合发展"，为电商行业的发展提供了政策性支持。与此同时，消费升级时代来临，电商企业推出的许多新产品逐渐得到消费者的认可与追捧，进一步促进了电商行业的发展。作为核心驱动力，物流在新零售发展过程中起到不可替代的作用。

为促进新零售的发展，许多电商平台都开始加大物流投资与建设。比如，天猫平台带头加速物流运转，在国内上千个区县实现两天内送货到家；天猫超市的商品可在60分钟之内送到消费者手中，阿里新零售平台盒马鲜生实现3千米内30分钟送达。

可以说，日益完善的物流系统是新零售发展的必要前提。新零售改革了传统业态结构，旨在帮助企业降低库存，在这个过程中，是否具备完善的物流体系能够体现出企业的竞争实力。为了达到降低库存的目的，企业要实现生产环节、销售环节及物流环节的优化升级。

相较于传统零售来说，新零售有一些非常显著的特点，如商品、订单、消费者数量庞大，随之而来的信息量也十分大。比如家乐福、沃尔玛等传统线下超市，一个店铺的SKU最多不会超过2万个。但现如今，一个电商商家的SKU经常高达几十万个，甚至几百万、几千万个，这是质的变化。在这种情况下，物流要想持续、健康地发展，就必须进行重构。

在新零售时代，在互联网环境下，新物流需要大数据、智慧仓储的配合。物流运作有一些基本原则：花最少的时间，行最短的路程，快速高效地完成整个流程。

在新零售环境下，未来的物流需要利用各种先进技术替代原来的人力劳动与脑力劳动，比如，无人机、无人车、可以直接与消费端接触的设备等。

物流仓储行业有两个名词，一是人找货，一是货找人。在商店选购商品时是人找货，人根据自己的需求寻找商品。未来，在智慧仓储中，仓库将引入一些自动化设备替代原来的人工作业，降低仓库作业的能耗，提升仓库作业的速度与效率。现如今，在全球范围内，智慧仓储技术已有了十年的发展历史，只是因为电商的迅猛发展及新零售概念的快速普及，企业对订单碎片化、服务时效性的要求越来越高，使得智慧仓储技术进入我国，并实现了快速发展及广泛应用。

智慧仓储非常注重货物拣选、分拣、搬运等环节，智能拣选机器人也好，自动分拣机器人也罢，其最终目标都是让机器人取代人工，以提升工作效率及工作的准确率，减少分拣作业的失误。

后台调度系统看重的是铺仓能力与仓内产品布局。仓库内各种商品布局的优化，商品在货架上的合理摆放，都要借助后台管理系统及智能算法来实现。Geek+机器人后台管理系统可对库位管理及库存布局进行优化，可对订单波次进行管理，对订单顺序进行优化，对机器人的运作路径进行规划，解决机器人拥堵问题，与WMS/ERP实现无缝对接。

现阶段，在世界范围内，我国互联网经济规模与电商经济规模都已位列第一，在电商行业、互联网经济领域，中国成了领路人。在这种情况下，对于新零售环境下的仓储行业来说，从传统低效的物流朝高效、数字化的物流

转变是大势所趋。

▎智慧物流：构建现代物流信息体系

在传统零售模式下，企业主要根据自身的生产能力与市场调研结果安排产品生产。新零售将改变以往的流程模式，通过数据分析进行需求预测，然后给厂家下订单，安排产品生产，并展开后续的一系列运营，概括来说，即企业经由零售端获取订单，再根据需求量进行生产。在这种运营模式下，企业需根据数据分析结果制订生产计划，进行仓储管理，能够加速商品流通，帮助企业降低库存量。

新零售模式下的企业根据需求安排生产，在运营过程中出现货品短缺问题后，则需进行及时补货，与此同时，企业的库存也不再集中，在这种大趋势下，企业逐渐认识到物流的重要性。为了及时完成商品配送，企业必须提高物流的反应能力，并完善物流服务体系，使消费者获得满意的体验。传统的物流运作模式因效率低下，难以实现商品的快速送达，无法得到消费者的认可，会导致"新零售"发展缓慢，得不到市场的认可。

传统模式下，企业主要依靠自身经验备货，在新零售时代下，企业则通过数据分析得到更加准确的参考信息，反映出信息科技水平的提高，与此同时，物流企业及终端物流的运营都发挥着重要的支撑作用。

因此，阿里巴巴创始人马云指出，除了线上线下一体化运营之外，物流也是新零售诞生的重要基础。2016年政府工作报告中指出，要"鼓励线上线下互动，推动实体商业创新转型"，同时也指出，要进一步建设物流配送体系。

所以，要加速智慧物流的建设。在传统模式下，企业的商品运输需经过诸多环节，包括厂家、物流企业、承运商、专线物流、消费者等，这种物流运作模式消耗的时间较长，难以提升运输效率，导致电商企业在线上交易环节能够实现各个环节的快速链接，但在商品流通方面的存在短板。

随着国内电商领域的快速发展，我国的快递业务规模不断壮大，如今已荣登世界榜首。而城配模式已经跟不上新零售发展的步伐，面临被市场淘汰的局面。阿里研究院预测，2023～2025年，中国日均快递量可能突破3亿件，这对物流行业提出了更高的要求。为此，企业需加强供应链建设，注重先进技术的应用，利用大数据分析技术，提高整体物流的智能化与现代化水平。

近年来，圆通开始打造智能物流信息一体化平台，申通也启动了"信息一体化平台项目"，与此同时，以菜鸟网络为代表的物流基础信息服务平台，也开始调整原有的运作流程，为商家的物流运输提供有效支撑，降低了企业在库存周转方面的时间消耗，并采用就近原则进行仓储发货。这种优化调度的方式有效提升了消费体验，相比于2015年，消费者能够在更短的时间内收到快件。阿里的报告结果显示，与2016年相比，2017年我国电商快递包裹的实效提高了10%。

在新零售时代，企业需要将交易、物流及体验营销结合起来。为此，商家不仅要在物流环节应用先进的信息化体系，还要实现商品流通、商品销售、仓储管理等各个环节的无缝对接。现阶段，国内市场的集中度较低，物流企业之间缺乏有效的配合，企业在商品分拣、发货环节的运营效率难以提高，需在物流方面消耗大量成本，但仍然达不到良好的协同效果。

针对这个问题，物流企业需要发挥先进技术的力量，帮助企业减少成本消耗。在这方面，菜鸟加强智慧物流建设，运用信息智能技术对企业的订单分类、发货出仓等流程进行信息化改革，以技术驱动来减少企业的成本消耗，节约配送时间，加速其整体运营，也为其他同类企业做出了良好的示范。

有分析者指出，线上社群经济与线下社区经济将成为国内互联网经济的主要形态。目前，这两种经济形态的确呈现快速发展趋势。新零售则能够实现两者之间的贯穿与融合。企业只有建立起完善的物流体系，才能实现线上线下的一体化运营，保证商家实现末端的商品配送，从整体上推动中国社会经济的平稳发展。

仓配一体化：打造电商物流新生态

电子商务无疑为我国快递行业的快速稳定发展注入了强大的活力与动力，在市场机构发布的调查数据中，电商包裹为快递贡献了超过 60% 的业务量。而近两年，我国电商产业增速趋缓，给快递业的发展带来了较大的负面影响。

效率、成本、质量是物流的三大核心要素，电商物流亦如此。在此前的主流电商物流模式中，除了自营商品外，平台方并不负责物流配送，用户下单后，由卖家自己联系快递公司，后者上门取货，并将包裹送到消费者手中。而仓配一体化能够有效降低流通成本，提高服务质量，将是未来电商物流的主流发展趋势。

在相当长的一段时间里，电商和物流实现了合作共赢，庞大的订单量让物流服务商能够实现规模效益，催生出了顺丰、"四通一达"在内的多家快递巨头。近两年，由于市场竞争日趋白热化、流量触顶、宏观经济不景气等因素导致订单量增速趋缓，从而对快递业务带来了不利影响。

从国际领先的现代物流设施提供商普洛斯公布的统计数据中可以看到，电商客户租赁仓库的比例保持快速增长，这显示了高端仓库逐渐在电商物流领域得到推广普及。

快递行业增速趋缓背景下，为了降低运营成本、提高盈利能力，粗放式管理将会被精细化管理取代，以下三个方面尤其体现了这种趋势：

（1）马太效应日益凸显，在成本与规模等方面具有领先优势的企业将会实现快速发展，越来越多的中小企业出局。

（2）新技术的应用使效率得到明显提升，自动化、智能化的现代物流设备得到快速普及。

（3）高端仓库将会取代散乱差的低端仓库，仓配一体化得到越来越多企业的认可。

阿里作为全球最大的电子商务公司，在其长期发展过程中积累了海量的数据资源，对电商商流有较强的把控能力，尤其是菜鸟平台在提高订单派发效率方面的巨大优势，使其吸引了大量企业与之合作。

京东自营业务是其主要优势，虽然自建物流体系使其成本有所增长，但凭借高效配送、品质保障的优势也吸引了大量的忠实用户。未来电商物流之争很大概率将在京东系和阿里菜鸟系之间展开。

◆ **主要竞争领域：电商**

京东自建仓储物流的模式和阿里旗下淘宝、天猫的物流外包模式存在明显差异。京东打造的仓储中心可以为其自营商品及入驻平台的第三方卖家提供仓储服务，再加上其相对完善的物流体系，从而实现了仓配一体化。而淘宝和天猫平台中的入驻商家，虽然可以获取顺丰及"四通一达"提供的配送服务，但后者却不提供仓储服务，或者因为提供的仓储服务成本较高，而对商家缺乏吸引力。

是否配送非电商件也是京东物流和阿里菜鸟系物流的差距。目前，京东物流配送的商品以电商件为主，服务对象是 B 端电商卖家，在其提出的物流社会化战略中，也将为第三方卖家提供仓配服务。

而顺丰等专业快递公司的业务不仅局限于电商包裹，商务包裹甚至国际快递也在其服务之列，其服务对象有个人用户、电商卖家和商务客户，顺丰的商务包裹占比超过了 80%，电商包裹则仅为 10%（虽然配送效率与质量较高，但较高的价格也让很多追求控制成本的电商卖家望而止步）；"四通一达"的电商包裹占比则高达 70%。

在京东物流社会化战略不断推进的局面下，其他电商平台及其入驻卖家也将成为京东物流的服务对象，这必然会和"四通一达"这种以电商包裹为核心的专业快递公司形成激烈的市场竞争。

◆ **仓配一体成为主流趋势**

B2C 电商物流的运营模式通常有三种类型：其一是自建仓配，其二是卖家仓储＋第三方配送，其三是第三方仓配。京东的自营业务属于典型的自建仓配，而淘宝和天猫则是第三方仓配，仓储环节是菜鸟物流提供服务，配送环节则是由专业快递公司负责。

仓配一体化在降低成本、提高效率及服务体验等方面具有明显优势，将会成为未来的主流电商物流运营模式。

（1）商品的集中仓储能够有效降低仓储成本。

（2）统一配送成本明显低于卖家对单件商品进行逐一配送。

（3）京东和菜鸟物流建立的大型仓配中心可以降低揽件及运输成本。

（4）京东和菜鸟物流建立的信息系统能够对一定时间内各地区的产品销量情况进行预测，在用户尚未下单前就在相应的仓储中心中备货，从而缩短配送路程，提高物流速度及库存周转率，为用户带来更为优质的购物体验。

在这些优势的吸引下，未来会有越来越多的B2C卖家以及C2C卖家选择仓配一体化模式，从而推动其不断走向成熟。

模式比较：京东物流VS菜鸟物流

京东和菜鸟物流的目标都是要实现仓配一体化，但京东选择的是自建模式，而菜鸟物流则选择的是轻资产的平台整合模式。仓配一体化需要通过分析大量销售数据来建立分布式仓配体系，提高配送效率的同时，降低配送成本，让顾客享受到"当日达""次日达"等绝佳体验。

（1）背景是物流体验的竞争。阿里建立菜鸟物流的初衷一方面是改善顾客体验，另一方面则是应对京东的激烈竞争。在菜鸟物流的发展规划中，它将通过搜集淘宝、天猫的交易及物流信息建立数据网络"天网"，与此同时，在国内几大重要物流区域建立多个仓储中心，形成地网。在天网和地网的协同配合下，充分发挥数据优势，科学高效配置仓储及物流资源，降低物流成本并提高配送效率。

（2）以大数据为基础建立分布式仓配体系。京东和菜鸟物流都在着力建立基于大数据的分布式仓配体系。以菜鸟物流为例，菜鸟物流将充分发挥实体仓储网络和自身拥有的庞大虚拟数据库优势，对物流设施及服务进行标准化，比如，统一着装、使用更为绿色环保的包装袋等，让商家及物流服务商能够满足顾客更为个性化的服务需求。

菜鸟物流能够提供大数据服务、仓库设施选址及建设、自动化仓管体系等标准化仓管服务，其打造的仓配网络也让菜鸟对货物有了更多的控制权，而不再完全由卖家负责，这对管控商品质量、打击假冒伪劣具有十分积极的影响。快递公司也能够得到菜鸟物流大数据系统的专业指导与帮助，更加合理地规划配送路线，提高配送资源利用效率。

（3）菜鸟的布局。菜鸟物流在成都、上海、广州、天津、武汉、重庆等地建立了多个大型仓储物流基地，而这些仓储物流基地主要配送的商品便是家用电器。从实际发展情况来看，与京东相比，阿里在家电方面处于明显劣势，而家电产品较长的使用周期有利于形成良性口碑，京东也借此而沉淀了很多忠实用户，阿里希望未来通过菜鸟物流补足自身的家电业务短板，夺回被京东等竞争对手抢占的市场份额。

（4）竞争的本质。专业快递公司和京东物流之间的竞争程度远没有菜鸟物流和京东物流这般激烈，作为国内两大垄断级电商巨头，未来二者将会展开一场旷日持久的"恶战"。

对于电商物流而言，仓储和配送都有着非常重要的意义，而建立科学合理的仓储网络能够帮助企业提高配送效率，降低成本。菜鸟物流走的是整合资源的平台型模式，它是为第三方快递公司提供服务，携手"四通一达"等快递公司共同为顾客提供优质服务，而京东走的是自建之路，双方未来会形成激烈的市场竞争。

◆**哪种模式更好？各有优劣**

在仓配一体化模式中，企业需要不断巩固自身在大数据、仓储及配送三个方面的实力。

（1）大数据能力。大数据能力是指企业利用大数据技术来调配库存，指导卖家优化选品及库存，更为高效地利用物流资源等。在该方面，天猫和京东都积累了海量的数据与丰富的实践经验，双方并没有明显差距。

（2）仓储端。目前，双方都在国内重要物流集散地区建立了仓储物流基地，虽然在整体规模方面，京东和阿里存在不小差距，但作为国内第二大电商巨头，京东也具备着强大的融资能力，有亚马逊作为先例，投资方短时间内也不要求京东实现盈利，这意味着京东可以投入足够的资源来完善仓储网络，而且自建仓配是京东和阿里实现差异化的重要手段。对于仓储铺货而言，关键点还是要借助大数据技术分析销售数据，预测顾客购买需求，从而精准铺货。

（3）配送端。凭借庞大的业务量，菜鸟物流系会在分拣、运输等方面具有成本优势。在公布的数据中，京东物流日均处理订单量为 450 万件左右，和走量的"四通一达"存在不小差距，所以配送成本方面京东略居下风，但菜鸟物流的平台模式由于同时和多家快递公司合作，很难充分保障配送时效与服务质量，从而影响了顾客体验，而京东自营商品的物流体验明显领先于淘宝和天猫则是不争的事实。

◆电商物流竞争要素的核心：运营效率

物流社会化战略不断推进局面下，京东物流会变得更为开放，唯品会、蘑菇街、聚美优品等垂直电商平台中的卖家以及平台自营商品都能享受到京东物流的仓配一体化服务，这将使持续烧钱的物流业务转变为京东新的利润增长点，使京东有更多的资本应对淘宝、天猫、亚马逊等电商巨头的激烈竞争。

需要注意的是，在物流社会化水平相对较低的当下，电商物流之争更多的是电商平台综合实力的竞争，而不是单纯的物流服务能力竞争。人们选择网购时，通常会思考哪个电商平台产品品类更为丰富、品质更有保障、售后服务更为完善等，在此基础上确定是去淘宝、天猫或者是京东购物。

而物流社会化水平的提升对完善物流基础设施建设、发展现代化物流设备及技术等有较高的依赖性，是一项长期而复杂的系统工程，因此，短时间内，京东和菜鸟的物流之争很难分出胜负。对于诸多的创业者及企业而言，关键点不是谁胜谁负，而是认清仓配一体化的主流发展趋势，并根据自身拥有的优质资源找到合适的切入点，从而在为顾客创造更多价值的同时获取更高的利润回报。

第8章 战略布局：
新零售与新物流的融合之道

▌构建交易一体化，实现零售智能化

新零售是有机融合线上线下场景并以现代物流服务体系为支撑的创新零售形态，受到各方的普遍认同和青睐。

新零售模式下，以消费者为中心的交易互联网不仅拥有远超传统线下零售和分销网络的覆盖范围，也将突破 B2C、B2B、综合电商平台、微商、社交化电商和其他垂直电商的交易体系，实现零售渠道、模式、利益机制等的全面重构。

新零售下的交易互联网依托日益成熟完善的互联网、移动互联网等连接渠道，通过对大数据、云计算、分布式终端的整合应用实现零售交易各环节的全面互联，从而构建集连接、信息、交易、精准匹配、营销场景、支付、金融、物流服务等于一体的交易互联网。

在这个交易互联网中，商品、企业、组织、零售、服务等不同要素和场景将实现高效无缝对接融合，零售经营主体围绕消费者需求和痛点不断创新玩法，优化整体购物体验，最终通过对零售供应链的优化再造推进零售交易活动的降本增效，提高商家对市场的反应速度。

近两年，不论是阿里对各类线下消费场景的加快布局，还是京东在农村电商、跨境电商、互联网金融等方面的不断探索，都充分显示了以消费者需求为中心的交易互联网已成为"互联网＋传统产业"的必然路径，也是消费

升级背景下我国零售行业突破"瓶颈"、实现转型升级的重要方向。

随着人工智能、AR、VR、NFC、RFID、LBS、4G乃至5G、智能仓储等先进技术的发展成熟，实现"万物互联"的智能物联网逐渐成型并不断拓展自身的应用广度和深度。不论是以往京东在X、Y事业部方面的探索创新，还是阿里最新公布的以储备面向未来20年核心科技为目的的"NASA"计划，或者其他商业巨头在新技术方面的投资布局，都将不断推进人、信息、物之间更为便捷高效的连接交互。

当零售终端、在线交易、支付、仓储、运输、数据挖掘、产品设计、生产制造等各环节都被整合进智能物联网系统中时，整个零售产业链也将被颠覆重塑，并在此过程中为各方提供新的商业机会。因此，在当前如火如荼发展的新零售生态中，智能物联网已成为各方争相布局的重要领域。

从这个意义而言，新零售突破了传统意义上的零售交易活动，转变为有机结合物流服务系统，实现自动连接、智能互动、自我管理的人、物、场景的高效连接器，从而大大拓展了零售商业活动的想象空间。

强化人才梯队，提升物流响应速度

在某种意义上，不论是供应链的竞争还是生态系统方面的竞争，最终都要落脚到人才的比拼。新零售场景下，拥有特定专业技术能力以及深谙商业、物流、金融、产业、互联网思维的复合型人才成为企业重要的人才资源；从新物流体系的角度来看，企业争抢的重点则是既熟悉传统物流运作规律又具有互联网思维、商业变革领导力和新技术能力的人才。

因此，新零售产业变革下，实现资源整合、创新管理、领导执行等一体化的综合能力成为各方比拼的重要内容。这就需要企业加大人才梯队建设力度，完善人才网络布局，构建自身变革升级所需的人才队伍。

比如，以BAT为代表的商业巨头就通过招聘、投资并购、合伙人、研究实验室、战略结盟等多种方式积极布局未来人才网络，储备核心技术与综合能力人才，从而为未来的各种商业动作奠定坚实的人才基础。

对实力较弱的中小企业或创业者来说，虽然无法像巨头公司那样进行全方位的人才网络布局，但也必须树立人才建设思维，结合自身情况进行合理的人才梯队建设与布局，打造适合自身的人才网络体系，为构建未来商业市场中的核心竞争力提供有力的人才支撑。

新常态下，传统的品牌塑造模式被颠覆重构，消费者不再是单纯被动的品牌信息接受者，而是参与品牌价值创造过程，与商家共建品牌，成为品牌塑造的重要力量。同时，线上与线下零售渠道的不断深化布局，全渠道、分布式、碎片化、拉动式的消费需求模式也对品牌传统的分销渠道和供应链管理产生了颠覆性的变革再造。

新零售情境下，以往的零售仓、集货仓、电商仓、存储仓等面临着越发严峻的货物调配管理压力，因此，不论是线下零售还是线上电商都开始积极布局仓储网络。从品牌商的角度来看，这有利于减少自身的仓储建设和运营成本，优化货品配送路线，提高物流响应速度，为消费者提供更好的物流体验。

不过，新零售场景下的电商仓储与传统线下仓储是两种不同的"打法"，在采购、下单、交仓、逆向物流等环节均有很大差异，因此需要品牌商重塑传统分销与物流体系，构建并增强全网入仓能力。

从京东、阿里等零售巨头的物流动作来看，之前他们的主要关注点是 C 端及仓的物流布局，新零售场景下的物流体系建设则从 C 端向上游 B 端（生产商、品牌商）延伸，全网入仓网络成为物流布局的主要聚焦点。

建立分布式仓储网，拓展覆盖范围

近些年我国电子商务的蓬勃发展为物流地产提供了巨大的发展空间，尤其是物流仓储领域，不仅标准仓储成为一线、二线城市重要的物流资源，甚至普通仓储在个别一线城市中也成为各方激烈争夺的对象。

新零售场景下需求模式的变革重构更是使仓储成为零售产业链的核心资源，物流体系建设不能再单纯依靠以往的自建自用或租用模式，而要以社会化运作思维打造"业务＋仓储＋技术"一体化的综合管控的物流仓储模式。

这种社会化物流模式下，零售产业链中的仓储系统从以往品牌商、生产商建立的核心仓，以及分销商打造的仓储网、零售仓等，转变为覆盖电商、品牌商、零售商等诸多主体的 DC、RDC、FC、微仓、店仓、社区仓等多种仓储形式，从而构建出一种围绕零售产业链的多级分仓体系。

多级分仓体系下，零售平台、品牌商将基于自身的核心能力，通过合作、加盟、联营、外包等诸多方式打造分布式仓储体系，以充分满足新零售场景下的供应链的仓储选择。同时，由于仓储资源具有了更强的公共性，自建仓储的行为将大幅减少，第三方平台、专业物流服务商、与其他组织合作共建的共享性的社会仓储网络成为仓储体系布局的新趋势。

电子商务的快速发展推动了物流体系以及物流细分市场的成熟完善和转型升级：一方面，在国内公路物流市场中占比接近 70% 的专线物流以专业性、高效性、单线集约化等优势吸引了越来越多的关注和参与者，逐渐成为连接仓与仓的骨干线路；另一方面，随着农村电商的快速发展，支线物流建设越发受到关注，覆盖范围不断拓展。

由此，新零售场景下，除了分布式仓储网络的快速发展，仓与仓之间的干线和支线网络也不断成熟完善，以电商平台或零售巨头为驱动的干支线物流网络的深度整合将成为未来新物流系统的重要特征。

近些年，不仅阿里、京东、苏宁等零售巨头纷纷通过自建、外包整合、战略投资等多种方式加大仓到仓物流网络的布局力度，新物流体系的众多探索者也不断通过设备（如甩挂运输）、管理模式、技术体系等多方面的优化升级参与到仓与仓的物流网络建设过程，以便在未来新零售场景下的现代物流服务体系中占据一席之地。

▌布局同城配送网络，发展逆向物流

2016 年以来，作为物流一个细分领域的同城物流受到越来越多的关注，成为众多物流创新创业者和资本市场青睐的对象：同城物流紧贴消费者，能够有效满足人们的即时需求、计划需求等多种物流配送诉求；此外，同城物流还是布局最先 1 千米、最后 1 千米、区域短驳、区域配送等多种物流业务场景的重要一环。

新零售情境下，以往只是关注某一环节或某一细分市场的同城物流体系面临着新的挑战和迭代升级要求。线上线下的打通融合，消费场景、客户体验和管理模式的升级等，要求同城物流体系探索新的服务模式，从传统意义上的仓、仓到店、店到家、店到点的运输配送形式拓展为跨区域、跨城市、跨品类、跨场景的综合物流服务模式，以充分满足新零售情境下居民日常生活中碎片化、个性化、多元化的物流服务诉求。

从当前同城物流的发展状况来看，最后 3 千米、最后 1 千米的物流系统布局已基本成形，最后 30 千米、100 千米方面的布局尚未迎来最佳时机；同时，虽然该领域的参与竞争者不断增多，但尚未出现具有全网服务能力和全渠道同城服务能力的企业。未来新零售情境下，同城物流的发展方向是以更合理有效的方式对碎片化的零售场景和物流场景进行整合管理，构建全渠道、全网的物流服务网络和个性化的快速响应网络。

新零售模式下，商品的监督权、接受决定权、所有权、使用权等在整个产业链中快速变化。从物流服务角度来看，这种动态转移造成了物流过程中的货损、拒收、换货、包装、环境污染等问题，进而导致物流体系出现效率低下、响应缓慢、成本高、不低碳环保等痛点。另外，交易互联网、智能物联网等无法充分解决这些物流痛点，需要构建逆向物流网。

其实，不论是阿里领导的菜鸟网络，还是京东自建的物流配送体系，都已开始发力布局逆向物流并取得了一定成效，不过从当前来看还远无法充分满足日益多元个性的逆向物流服务场景需求。究其原因，除了逆向物流服务需求有着很大的不确定性和复杂性，更重要的是逆向物流网络建设本身是一个需要在 IT 技术、数据管控、物流过程管理、线路优化、资源优化、包装设计等诸多方面进行长期深耕和一体化管理升级的过程。

逆向物流的这一特点为专业性的物流服务企业提供了更多机会。物流企业应充分挖掘逆向物流的规模化价值和延伸服务，并有机融合自身的产品服务体系和管理体系，在阿里、京东等巨头构建出最佳的逆向物流网络之前推出优质的产品组合，以便在未来的逆向物流服务市场中建立起自身的独

特价值。

▌重塑品牌体验建设，实现服务协同

不论是传统零售还是新零售，获得成功的关键最终都要落脚到好的品牌和产品上。新零售场景下，品牌建设需要线上线下协同发力，品牌塑造的难度和成本不断增加，特别是线上流量获取成本、社会化营销门槛不断提高的情况下，更需要线下品牌营销模式的有效补位。

同时，品牌塑造也不是一蹴而就的，需要企业与专业人才合作打造。基于此，众多零售巨头纷纷参与布局品牌孵化，依托自身在消费者理解、销售渠道、流量获取、场景覆盖、用户、数据和技术平台等诸多方面的优势，为品牌商提供全链条品牌管理服务体系，构建品牌赋能网，从而使好产品真正形成好品牌，好品牌则能充分展现出自身的巨大价值。

从最初阿里的天猫、淘宝品牌，到京东的开放性平台和自营品牌模式，再到日益呈现出巨大生命力的内容电商与社交电商，以及线下零售的各种创新玩法等，其实都是以品牌管理和服务为切入点，通过与品牌商或生产商供应链体系的有机融合，实现品牌孵化、迭代、升级与赋能。这也是新零售时代品牌建设的必然趋势。

从物流角度来看，物流企业要深度融入品牌服务体系、获得更大价值想象空间，也必须积极探索如何在运输、仓储、物流、技术等方面帮助品牌商实现供应链管理和分销网络的优化布局与升级重构，打造品牌赋能网络，完成品牌塑造，更好地实现品牌价值。

服务协同网是新零售生态系统中最重要的内容，不论是交易互联网、智能物联网还是其他网络体系，最终落脚点都是打造一个高效、透明、公平、公正、安全、经济的服务协同网络，实现零售产业链中的风险共担、价值共创、利益共享、多方共赢，从而为消费者提供充分满足多元个性诉求、各场景无缝对接的一体化的新零售体验。

因此，新零售要求的协同不只是数据、操作、管理等方面的协同，更是从用户需求和消费体验升级的角度出发，通过开放平台、大数据挖掘、第三方细分服务、支付体系、SaaS 服务、人机交互、人工智能等新零售生态系统诸要素的标准化、系统化、碎片化，实现企业内部与外部、线上线下、平台与平台、平台用户之间在物流、金融、数据、管理、流程、规则、利益与资源共享等方面的高效运作、无缝对接和迭代升级，最终打造出一个以用户为中心的服务协同网络系统。

在服务协同网的驱动下，当前以电商为核心的新零售生态布局将逐步拓展到传统零售领域，从而推动原有服务协同体系的变革重构——不论是阿里、京东的服务商模式，还是沃尔玛等线下实体零售的配套产业服务体系，或者是其他服务于零售活动的细分服务形式，都必须进行优化重塑才能真正满足新零售场景下消费者对协同服务的多元个性诉求。

Part 4

新 形 态:

智 能 商 业 时 代 的 零 售 新 物 种

第9章 无人零售：
体验经济下的便利店革命

▌无人零售：资本追逐下的新风口

自亚马逊推出 Amazon Go 以来，国内各大互联网电商与零售企业纷纷开始关注无人店。一时间，淘咖啡、F5 未来商店、缤果盒子等无人店相继崛起，在线上、线下爆红。同时，也有一些便利店成功融资进行试水，甘来智能微超、EATBOX、怪兽等便利店就是其中的代表。无人便利店相继崛起，仿佛无人零售瞬间就能到来。

◆无人便利店的诞生及发展历程

事实上，在人力成本极高的欧美国家，零售企业在 10 年前就开始探索无人便利店，2013 年时，无人便利店进入小规模商业应用阶段，直到 2016 年才逐渐在全球范围内推广。

2012 年时，沃尔玛就为发展无人便利店推出了"Scan&Go"模式，在该模式中，消费者使用 Scan&Go 支付系统扫描软件条形码就能直接付款，但因为未能解决熟食扫码、商品丢失等问题，该项目未能取得成功。

2016 年年初，瑞典推出的名为 Nraffa 的 APP 应用，可以让消费者扫描二维码进入门店并自助结算，从而满足人们 7×24 小时的实时购物需求。2016 年 8 月，首家缤果盒子在中国广东中山地区落地，其官方运营人员表示，该 24 小时全自助智能便利店项目可以进行规模化复制。

2016 年 12 月，亚马逊的 Amazon Go 便利店在美国西雅图试运营。几乎同一时间，日本便利店品牌罗森和松下共同推出全自动化自助结账机，该系统可以帮助顾客进行装袋和计价。2017 年 5 月，韩国 7-11（由韩国乐天集团和日本 7-11 合资成立）在 7-11 Signature 店中推出了扫手支付模式，不需要手机和信用卡，扫描人的手（真正扫描的是人的血管，当然这需要测试人员先在系统中亲自"注册"自己的手）就能完成支付。

在 2017 年 7 月的阿里购物节中，其无人便利店项目"淘咖啡"正式亮相，在国内各大社交媒体中引发了大量的话题讨论，也为国内创业者及企业探索无人便利店提供了更多的决心与勇气。

淘咖啡的经营业态覆盖咖啡、书吧、生鲜及餐饮，经营面积为 200 平方米，具体的购物流程为：打开手机端的淘宝 APP 扫描二维码获取电子入店码，经过闸机对入店码进行验证后即可进入门店，选择完商品后进入"支付门"中结算，几秒后系统会自动完成结算，顾客便可携带物品离开。淘咖啡的点餐区也让人眼前一亮，顾客可以通过语音进行点餐，智能化及自动化的语音识别系统会快速识别顾客身份并进行下单。

快消品 B2B 交易平台的活跃表现，为无人便利店大规模兴起提供强力商品供应保障。国内领先的市场研究机构易观发布的 2017 年 Q2 快消品 B2B 交易平台数据中，阿里零售通的活跃用户高达 25.08 万人，惠配通和掌合商城这一数字分别为 9.52 万人、7.93 万人；在使用频次方面，惠配通以 955.28 万次高居榜首，阿里零售通和掌合商城的这一数字分别为 770.54 万次和 437.75 万次；而在使用时长方面，阿里零售通的使用时长为 90.49 万小时，惠配通和掌合商城的这一数字分别为 49.99 万小时和 30.43 万小时。

◆**无人便利店背后的资本逻辑**

在这个体验营销时代，服务不仅受到了消费者的广泛关注，也吸引了经营者们的注意。未来，零售不再局限于商品售卖，商家将想方设法从心理层面与消费者建立联系。但是，无人商店却与这一趋势相背离，将功能放在了首位，表现出了超强的独特性。

（1）大数据壁垒，人工智能的想象。AlphaGo 大败围棋冠军，这一消息轰动世界，即便是对人工智能知之甚少之人都对这一事件有所了解。AlphaGo 的功能之所以如此强大，就是因为其在与人对阵的过程中利用神经算法实时处理了大量棋局数据，获得了比人脑更强大的智能。由此可见，人工智能系统的构建与进化离不开海量数据。

无人店店内安装着很多重力传感器、声音传感器、图像传感器，能从多个角度对顾客数据进行收集，解决了过去电商、传统零售商无法完整地收集数据的问题。对于后来者来说，数据积累能形成强大的壁垒。先进入者通过数据积累能使自己的人工智能系统不断强大，为用户身份识别、日常运营决策提供有效依据。在这种马太效应支持下，竞争者之间的差距会越来越大。

更可怕的是，在未来的社会中，积累了大量线上、线下数据的人工智能拥有巨大的价值，这正是阿里巴巴、亚马逊等互联网巨头投入巨资布局无人商店的原因。

（2）技术的边际效益。受计算机技术特性的影响，产品的边际成本大幅下降，能实现低成本、快速地复制。而互联网电商经过多年发展早已没有创业空间，创业公司很难从中找到机会成功创业。在这种情况下，用互联网思维对传统行业进行改造就成了各大企业的共识。

目前，便利店是无人店的主要形式，其原因在于便利店这种模式具有超强的复用性。无论是运营模式、商品品类，还是所需设备、供货渠道，便利店都实现了高度统一，受此原因的影响，将便利店改造成无人商店所需新技术的复用性也比较强。

对于创业公司来说，虽然相较于纯线上项目，其在无人店项目中的前期研发投入会很高，但研发完成之后，设备也好，系统也罢，都能实现快速复制，使线上创业项目实现快速增长。由此可见，无人商店项目极具创业价值。

（3）我国消费市场的持续扩大。随着我国经济快速发展，以及人们购买力不断提升，零售业发展势头十分迅猛。2016年我国社会消费品零售总额高达332316亿元，比2015年的300931亿元增长了10.4%。虽然近两年电商增速逐渐趋缓，但2016年线上零售实物商品销售额为41944亿元，比2015年的32424亿元增长了29.4%。

资本东风助攻零售业变革，无人便利店被期待成为零售业新的增长模式，便利店融资项目获得了资本方的认可与青睐。据不完全统计，2016年8月至

2017 年 7 月，便利店融资项目累计融资总额超过了 20 亿元，其中 2017 年 2 月，便利蜂融资 3 亿美元的新闻更是在朋友圈内持续刷屏，缤果盒子和小麦便利店也分别获得了 1 亿元及 1.25 亿元的投资，F5 未来商店完成了 A+ 轮融资，获得 3000 万元人民币。

从零售业巨头的角度来看，原有的市场逐渐饱和，发展空间越来越小，股价难以增长，要想实现更好地发展，必须在新概念、新市场领域进行突破。以阿里中国为例，过去该平台年度活跃买家增速都为两位数，现如今其增速已降至个位数。在这种情况下，阿里中国要想更好地发展，必须推行线上线下相结合的新零售战略。而自从亚马逊推出的 Amazon Go 火爆以来，其公司股价已突破 5000 亿美元，且其市值仍在不断增长。

无人便利店的业态模式与新玩法

选择商品、获取人工服务、实际体验商品，是传统零售模式中消费者购物消费者时的重要环节。为了在海量的同质化商品中购买到真正符合自身个性化需求的商品，消费者需要对产品进行精挑细选。而人工服务则是通过客服的专业讲解让消费者能够更为全面地认识商品，将不同商品的优劣势告知消费者，以便消费者最终制定出更为科学合理的消费决策。实际体验商品则是消费者购买完商品后，在使用商品时获得的感受，对消费者的购物体验也产生关键影响。

而在新零售模式中，体验传达维度也会得到进一步拓展，实现全服务传达。消费者购买商品时，服务将像空气一般无所不在。让消费者的个性化需求能够随时随地得到满足。

在无人零售模式中，全服务传达将得到充分体现，我们不妨以亚马逊的无人零售项目 Amazon Go 为例，当顾客进入 Amazon Go 门店中时，店内安装的人脸自动识别设备将会识别顾客，调用数据库中的相关数据分析用户购买需求，摄像头也将记录顾客在门店内的轨迹等，通过一系列先进智能设备的应用，快速高效地分析出账单信息，并在顾客的亚马逊账户中扣费，用户可

以在个人账号中确认购买信息。

在无人零售模式中，此前经常出现在科幻电影中的"视觉刷脸""拿了就走"等体验将会成为现实，虽然人们不会像在传统零售模式中购物时，直接感知到各类服务，然而，自进入门店的瞬间，各种服务就已经传达到了消费者面前。

无人便利店试点项目在北京、上海、广州、深圳等一线城市中逐渐落地，并引发了新一轮风口。杭州虽然不是严格意义上的一线城市，但由于该地区浓厚的创业氛围以及居民的强大购买力，也有无人便利店项目选择在此落地。

从顾客触达商品方式角度考虑，现阶段的无人便利店可以被分为开放货架式无人便利店和封闭货柜式无人便利店两种：

——开放货架式无人便利店的门店布局和传统便利店颇为类似，商品被陈列在开放式货架中，顾客可以直接体验商品，并根据自己的需求做出选择。

——封闭货柜式无人便利店则将商品陈列在封闭式货柜中，顾客通过操作机器来选购商品，货柜橱窗内展示了商品图片或者样品，但在未成功支付前不能直接体验商品。

商品触达方式的差异，导致无人便利店在经营面积、运营能力、成本投入、购物流程及技术应用等诸多方面会有所不同：

——开放式货架无人便利店经营面积通常在20平方米至200平方米之间，店址主要位于高校、科技园区及高端写字楼，不但提供日用快消品、餐饮、生鲜等商品，还提供手机充电站、便民急救箱、公益灭火器等公众服务。经营面积为15平方米的门店可以陈列的商品品类在800种左右，韩国7-11、罗森、缤果盒子、小麦公社便利店等是典型代表。

——封闭式货柜无人便利店的经营面积通常为10平方米至60平方米之间，店址主要选择科技园、商务楼、通勤线及高端社区等地，销售的商品主要有日用快消品、即食饮品、鲜食商品、成人用品、应急非处方药等。经营面积为15平方米的门店可以陈列600种SKU的商品，24爱购便利店、神奇屋便利店及 F5 未来商店等是其典型代表。

无人便利店通过升级结算支付环节优化购物流程。消费者进入门店时，无人便利店系统可以获得年龄、性别、购买力等基础数据。选购商品时，可以获得购买力、消费习惯、购买偏好等数据，通过实现结算支付环节的自动化与智能化，来提高购物便捷性，降低用户购物时间成本，从而给消费者带来更为优质的购物体验。

无人便利店业态涉及的参与主体呈现多元化，比如，生产商、品牌商、消费者，O2O 平台、实体零售、网络零售及智能便利店等。此外，渠道商、物流服务商、移动支付服务商、设备及系统供应商等也参与其中。无人便利店业态参与主体的多元化，不但带来了多元化的需求，也催生出更为多元化的服务。

（1）品牌商。品牌商可以通过为无人便利店提供商品，来获取成本与售价之间的差价而实现盈利。当然有些品牌商选择自建无人便利店，通过大量布局线下门店来掌握商品的终端销售渠道，并积累商品及用户数据资源。

（2）网络零售商。网络零售商布局无人便利店以自营模式为主，通过发挥自身在技术、品牌等方面的优势，来建立无人便利店品牌。当然，也有部分网络零售商选择通过为无人便利店提供技术服务等增值服务获取利润。

（3）技术服务商。技术服务商能够提供软件、硬件、支付等一系列无人便利店运营解决方案，为无人便利店搭建线上流量入口平台，帮助其进行品牌推广等。

（4）传统实体零售商。传统实体零售商可以发挥自身在供应链及品牌影响力等方面的优势来自建无人便利店。也可以发挥客流量的优势，在门店内为附近的无人便利店提供广告营销服务。

（5）创业者。创业者可以自建无人便利店，也可以加盟其他品牌商的无人便利店，前者风险较高，后者风险相对较低，当然高风险也意味着更高的回报。

▎供应链管理：无人店制胜的关键

供应链建设是新零售企业赖以生存的重要基础。当前，"无人零售"被视为一种颠覆传统商业格局的新兴业态，企业界对其未来的发展前景给予了高度认可，以阿里、亚马逊为代表的零售巨头更是投入了大量资源与精力试水无人零售便利店，但无人便利店对企业的供应链管理能力有极高的要求，尤其是当发展到一定规模时，如果没有供应链提供的强有力支撑，将很难长期生存。

以无人便利店的货仓网点设置为例。设置货仓网点时，要考虑交通条件、门店覆盖数量以及当前区域内顾客群体的基本属性等。即便布局的门店数量再多，如果货仓网点设置等供应链环节出现问题，也会因为缺货、断货、物流损耗较大、较低的库存周转率等问题，导致企业陷入发展困境，甚至被迫倒闭或转型。

在近几年的互联网创业热潮中，生鲜电商无疑是创业者、企业及资本方关注的一大热点，不过生鲜创业相对较高的门槛，将很多人拒之门外。发展生鲜电商需要布局较多的线下门店，并具备强大的供应链管理能力。未来，"生鲜电商＋无人零售"将会实现快速崛起。

国内市场中，率先将生鲜电商和无人零售相结合的每日优鲜，在2017年6月推出的"每日优鲜便利购"让业内人士眼前一亮。同年8月，哈米科技与易果生鲜达成合作，双方将会共享生鲜供应链系统、冷链配送、B2C服务等诸多方面的优质资源，深度掘金"生鲜电商＋无人零售"。

9月，百果园和领蛙、好品等无人零售创业公司合作，组建"大百果联盟"等。无人零售业态的盈利关键点在于以用户需求为导向及供应链管理为核心的强大运营能力，强化规模化效益的同时，更要实现高效运营，为顾客及时供货。

新零售背景下，供应链管理的内涵变得更为丰富，不能仅是简单地从前端接收信息，更要直接参与到为消费者提供便捷、高效的多元服务中来，能够为零售企业进行品类优化、销售预测、计划采购、自动补货及动态定价等。

在2017年5月举行的全球智慧物流峰会上，阿里帝国缔造者马云表示，数据是新零售物流的重要基础。未来，物流企业的核心竞争力打造需要数据、人才及技术提供支持。物流业和零售业是相辅相成、相互成就的，未来的物流也将会实现数字化、信息化及智慧化，并推动供应链管理水平迈向新的高度。

新零售驱动下，供应链的变革进程进一步加快，比如，很多零售企业利用电子标签来对线上线下的数据进行整合及同步，让价格、SKU、库存、交易等数据在产业链上下游企业中快速传递，使打造可视化的供应链具备落地基础。

供应链尤其强调精准性和效率。和网络零售相比，在物流成本方面，新零售模式具有明显优势，线下门店可以将其辐射范围内的订单集中到门店中，并通过 B2B 物流 +B2C 物流，取代传统电商的 B2C 物流，能够有效缩短库存周转周期，控制物流成本。

京东和天猫在布局新零售过程中都选择了为与之合作的传统便利店提供仓储及供应链服务，这也在一定程度上证明了供应链管理对发展新零售的重要价值。

新零售玩法和业态是多元的，但其背后的增长逻辑却是通用的。线上线下相结合的全渠道运营及融合多场景的销售空间，改善了用户体验，让零售企业能够实时掌握动态变化的消费需求。而密度与规模之战、层出不穷的各种引流方式，以及提高效率并降低成本的供应链管理，则让企业能够构筑更高的竞争门槛，在即将到来的新零售革命中建立领先优势。

◆新零售 + 供应链是最佳搭档

毋庸置疑的是，供应链的稳定性对零售企业的长期稳定发展具有十分关键的影响，它涉及原材料采购、产品设计生产、仓储配送等诸多环节，生产商、渠道商及零售商都参与其中，伴随着物流、商流、资金流、信息流在产业链中的流动。

在传统便利店业态中，商品由生产商加工完成后，需要经过多个中间环节的层层加价，导致商品真正到达消费者手中时，价格要比生产成本高出很多，而且大量中间商的存在也导致商品流通效率大幅度降低，便利店要承担较高的库存压力。

而在新零售模式中，大数据、物联网等新一代信息技术的应用将打破这种局面，商品可以从生产商仓库直接配送到无人便利店，而且商家能够高效精准地获取目标群体需求信息，从而根据动态变化的消费需求调整产能、优化选品等，有效提升供货效率与稳定性。

要想确保无人便利店给顾客带来良好的购物体验，必须打造完善的供应链系统。我国庞大的人口基数，再加上消费需求越发个性化与多元化，尚处于初级发展阶段的无人便利店必然会在和生产商的协调配合，应对缺货、断货、爆仓等问题，产品陈列方案优化及提高门店经营效率等方面遇到诸多阻碍，而这些问题的解决有赖于供应链数据提供的强有力支撑。

◆供应链赋能"当日达"业务

配送时效性是电商企业普遍存在的一大痛点，即便是凭借配送服务赢得很多消费者信赖的京东也仅是在经济比较发达、交通便利的城市才能提供优质的配送服务。要想让顾客能够享受"当日达""次日达"这种优质配送服务，需要布局大量的货品仓库网点。而实现精准及高效库存，仍需要海量的供应链数据。

无人便利店可以利用智能算法，对搜集到的用户数据进行高效分析，并结合季节变化、历史销售数据、市场潮流等对未来一段时间内的销售情况进行预测，并将相应规模的商品存储到无人便利店附近的仓库中，那些需求频率较高的商品通常会存放在距离便利店更近的仓库中，反之则会存放在较远的仓库，这将为无人便利店更好地满足网购用户的"当日达"及"次日达"配送需求奠定坚实基础。

通过跨平台、跨终端、跨区域的数据打通，无人便利店将目标群体在线上及线下的海量数据进行整合并高效分析，实现快速精准补货，有效提升商品流通效率，能够让无人便利店获取更高的利润回报。

◆应建立或合作供应链品牌

我们不妨从缤果盒子的实践案例中借鉴经验。加盟费和销售分成是当前缤果盒子的核心盈利方式，根据地区差异，加盟费有所不同，东北地区门店的加盟费约为 12 万元，上海地区门店的加盟费则在 15 万元左右。

缤果盒子还与国际零售巨头欧尚集团达成战略合作，后者拥有完善的供应链系统及全球渠道资源，能够为缤果盒子未来在全球范围内实现快速复制提供广阔想象空间。与此同时，缤果盒子还打造了自有供应链品牌"倍便利"，以便能够快速抢占国内市场，更为高效便捷地整合海量优质资源。

在竞争手段越发多元化的移动互联网时代，企业不仅要面对诸多国内竞争对手，还要防范携带巨额资本而来的国际巨头，更为严重的是，如果企业未能及时适应新变化，很容易被跨界而来的颠覆者所淘汰。如果不能建立强有力的供应链品牌或与之合作，无人便利店企业很难及时、精准地获取足够的数据资源，在制定消费决策时也会相当被动，生产、运输及销售等诸多环节也会遇到各种问题。

对广大中小无人便利店创业者及企业而言，和供应链品牌合作是更为可行的选择，建立强有力的供应链品牌需要经过长期的积累与沉淀，是一项长期而复杂的系统工程，与此同时，社会化大生产也是一种不可阻挡的时代潮流，和第三方供应链品牌合作也有助于无人便利店企业将资源与精力集中到门店运营及管理方面，通过为顾客创造更多的价值，获取更高的利润回报。

▎无人便利店模式面临的主要挑战

未来，无人化将会在服务业态中得到更广泛的应用，智能化也将使人们的公共生活变得更为丰富多彩。以大数据、云计算、物联网、人工智能为代表的新一代信息技术的应用与发展，将会促使人们的出行、社交、娱乐、餐饮、购物等各种生活场景变得更为智能化、智慧化，让我们享受到全新的生活体验。

然而，就目前无人便利店运营模式而言，还面临着以下主要挑战：

◆入场门槛高，短期内难盈利

无人店项目涉及了很多技术创新，无论是识别技术还是传感技术，其研发都需要资金投入。除此之外，由于无人店尚处于起步阶段，业务形态尚不成熟，企业必须在供应链管理、设备维护、运营管理等方面投入大量资金。受这些原因的影响，无人店项目在初期需要大量资金，并且很难在短期内实

现盈利。因此，目前几乎所有的无人店创业项目都是阿里巴巴、京东、亚马逊、苏宁等巨头在支持。

◆用户隐私容易泄露，缺乏购物温度感

当前，大部分国内企业对用户信息安全保护明显缺乏足够的重视，在无人便利店中需要使用指纹、面部特征及财务信息等隐私性较强的用户数据，如果这类数据被泄露，很容易给用户带来严重负面影响。

而当前无人便利店仍处于探索阶段，零售企业缺乏足够的经验，也没有可供借鉴的成功案例，在用户信息安全保护方面难免会有所疏忽。当然，这一问题的解决，还要政府部门尽快制定相关的法律法规，技术服务商开发出更为安全可靠的用户信息保护系统等。

没有服务人员的无人便利店在购物温度感方面具有先天劣势，而在情感体验在消费决策中扮演的因素愈发关键的背景下，如何提升购物温度感是无人便利店从业者亟须解决的重点问题。

在传统便利店尤其是社区便利店中，店内服务人员很容易和顾客建立良好的信任关系，甚至有些顾客还会在遇到突发状况时，让社区便利店帮自己照看孩子、宠物等，这无疑会极大地提升用户忠实度及复购率。而在无人便利店中，要想解决购物温度感问题，更多的需要借助自动化与智能化技术，精准分析用户在不同场景中的需求，并通过智能手机为用户提供解决方案。

◆技术与运营尚未成熟

事实上，对于无人便利店应该采用怎样的运营模式、选择何种技术路线，业界并未达成一致，需要通过不断试错来找到合适的发展路径。

在实验环境下，无人店使用的技术已经比较成熟，但在现实零售环境中，无人店的人流量过大，识别技术很难应对，购买行为识别错误等问题也很难得以有效解决。为了解决这个问题，很多无人店都对同时进店人数做出了限制，有些无人店一次只能进1人，并且效率低，带给用户的使用体验较差。据悉，正是由于传感技术不成熟，Amazon Go才会延期对外开放。

在运营方面，无人店尚未形成成熟的运营模式。此前，就有报道称缤果盒子上海店中的甜甜圈因店内的空调系统发生故障，室内温度过高而软化。出现这一问题之后，缤果盒子及时做出了调整才没有造成太大的损失。但这

一事件说明无人值守的运营难度太大。

除此之外，商品丢失、损坏率过高也是无人店项目在运营方面面临的难题。现阶段，为了降低商品的丢损率，无人店主要开设在封闭的高档社区，也有无人店选用封闭或半封闭的货架。但从长期来看，这两种方法都无法彻底解决货物丢损问题。

◆ 市场监管存在盲区

毋庸置疑的是，技术和模式会对店铺的运营成本及风险产生直接影响，摸着石头过河的行业探索者必然要通过不断融资进行试错，而在近两年的互联网创业项目倒闭潮中得到诸多经验与教训的资本方，对投资显得尤为谨慎，如果烧钱速度及持续时长超过其预期，很容易导致无人便利店项目出现资金链断裂风险。

市场管理制度尚未完善，可能会因为新监管政策的出台，导致无人便利店项目发展受阻。无人便利店扩张过程中会不可避免地遇到物业管理、接入服务等诸多问题，售后服务问题也缺乏有效的解决方案，如果这些问题不能得到有效解决，地方政府可能会出于维护市场稳定性考虑，而叫停无人便利店项目。

▍传统零售如何借鉴无人店模式

现阶段，并非所有的传统零售都要布局无人店，也不是所有的产品都要实现无人化销售，但这并不意味着传统零售行业只要围观即可。传统零售企业要客观、理性地看待无人店，借鉴其中的创新点实现创新发展。

◆ 运用数据指导选址与运营

借助传感器、计算机视觉，无人店能沉淀用户数据。比如，借助各种技术手段，无人店能获得店内热力图，图中会将进店客户喜欢的行走路线显示出来，以此为依据，商家就能对商品进行合理摆放。另外，进店的顾客站在货架前会不自觉地看向某个位置，如果大部分顾客都看向这个位置，这个位置就是黄金位置，商家可在此摆放一些特殊商品。

正如前面所说，借助大量的传感器，无人店可收集顾客数据，为店铺选址与运营决策提供指导。虽然传统零售店铺也收集数据，但其收集的数据往往是进销存统计等比较单一的数据，无法为店铺选址与运营提供有效指导，只能凭经验行事。但借助数据化分析，经营者能顺利跨越经验限制，让店铺选址、运营决策更加科学、合理。

另外，借助数据化手段，零售店铺还能节省用户的时间成本，提升店铺运营效率。在这方面，乐铺做出了很好的示范。自建立之初，乐铺就从街边商铺租金交易着手，采用"众包采集 + 大数据 1 对 1 精准匹配"的模式，以大数据系统为支撑对商铺数据进行了整合，使区域商户实现了有效连接，使物流效率、店铺运营效率得以大幅提升，使支付场景大为丰富。

同时，有数据显示，零售上在利用大数据手段进行改造之后，年销售额大幅提升，效果十分明显。

◆运用新技术提升消费的体验与效率

无人店的运营目标除了降低人工成本之外，还希望能提升支付效率，带给消费者更优质的购物体验。确实，在无人店有过购物经历的顾客也纷纷称赞无人店无须排队、出门自动扣款等功能。如果商品质量、价格等基本特征相差无几，购物效率就会在很大程度上影响消费者的购买决策。

7-11、罗森等公司的无人便利店项目也非常注重这一点。比如，罗森推出的一些无人店引入了手机扫码支付等功能来减少顾客排队。虽然，该功能没能在底层技术方面实现创新，但确实效果显著，使工作人员的工作强度得以有效降低。

该方法被国内某些大型零售企业、超市所借鉴，这些零售商场、超市鼓励用户使用会员 APP 扫码付款，以提升结算效率，减少顾客的排队时间，同时还有效地推广了自己的 APP。借助 APP，这些商家推出了手机下单、送货上门的 O2O 电商业务，使店铺的销售额得以大幅提升。

◆购物中心与无人店各取所需

无人店是一种形式新颖的零售业态，能吸引很多喜欢尝试新鲜事物的消费者前来体验，再加上无人店的概念新颖，与人工智能等高科技关系密切，所以备受媒体关注。因为无人店自带流量，天然地能吸引广大消费者的注意力，所以购物中心可以借鉴引入快闪店的方式引入无人店。在导流方面，快闪店表示出了"超能力"。比如，上海某品牌快闪店三个月营业额达 1000 万，北京某购物中心自引入某品牌快闪店之后人流量倍增。这样的案例不胜枚举，据研究，快闪店能让购物中心的营业额增长 10% ~ 15%。

对于无人店项目来说，初期也要在人流量较大的购物中心等场所引导用户体验，提升品牌的曝光度，积累更多忠实用户，以便日后能顺利地在社区、写字楼等场所进行推广。

第10章　全渠道零售：真正实现随时随地购物

▍全渠道战略：打通线上线下壁垒

Omni-channel 是全渠道的英文，其中，omni 意为"全方位"，此前的经营方式以单渠道、多渠道为主，因此有人将其翻译为"全渠道"，后来这个词语应用频率逐渐提高，"全渠道"也就得到了人们的认可。台湾将 Omni-channel 译成全通络渠道，即不同渠道之间实现对接，这种翻译方式更直接一些。

用户体验研究和设计咨询公司 Webcredible 将全渠道界定为：正确地做好多渠道。企业在经营过程中，能够将不同渠道打通，进行统一的品牌推广，为顾客提供一致的服务，突破时空因素的限制，方便与用户之间的沟通互动。之前，企业多采用多渠道或跨渠道模式开展运营，为了进一步打通各个渠道，企业在原有基础上不断探索，全渠道便应运而生。采用这种模式的企业首先要把握顾客需求，再根据顾客的行为习惯进行品牌打造，接下来为消费者提供优质的购物体验，并实现不同渠道之间的无缝对接。

全渠道零售的核心价值在于，企业能够通过不同渠道向消费者提供统一的产品与服务，并提高自身的利润所得，在具体实施过程中，企业要围绕消费者的需求开展运营，通过不同渠道与消费者进行沟通互动，使消费者在实体店、线上渠道能够获得相同的体验。对于全渠道的特征，沃尔玛的首席执行官迈克·杜克（Mike Duke）将其归结为以下几点：社交化（Social）、本

地化（Local）、移动化（Mobile）与个性化（Personalized）相结合，合称为
SoLoMoMe。

从零售商的角度来分析，全渠道指的是围绕客户开展运营，借助网络技
术将不同渠道结合起来，保证在线上、线下渠道向消费者提供统一的产品、
服务、品牌。从消费者的角度来分析，全渠道即全天候可获得来自多渠道的、
标准一致的购物体验。

我们通过以下两种购物场景来分析一下全渠道零售模式的优势：

【场景 1】

丽莎经常关注时下的流行趋势，有一次，路过她身边的一位女士背了一
款时尚的包包，丽莎立刻启动谷歌眼镜的识别功能获取包包的款式、颜色信
息，再配合相关应用软件锁定该商品的品牌，然后拿出手机搜索这款商品在
附近哪家商店正在出售，以及商品当前的库存量，并通过手机应用进行虚拟
体验，将自己背上这款包包的图片分享给好友，在得到好友支持后用手机与
商家交易，最后在社交平台进行商品评价。

【场景 2】

年轻的劳拉到某家商店购物，先到前台递交自己的会员卡，商店通过读
取卡中信息对其进行身份识别，并获取购物记录，此时在店内整理商品的店
员马克手中的平板电脑会接收到相关信息，及时走到劳拉身边为其提供服务。
当劳拉在店内闲逛时，马克会浏览她之前在购物车中收藏的商品，据此推荐
相似的商品，并向其介绍以她现在的积分能够获得多大程度的优惠，同时给
予劳拉充分的时间进行现场体验。在选定商品之后，劳拉可以使用店内的无
线网，通过手机下单支付，而不必排队结账。双方交易完成后，商店会将其
此次购买信息快速收录到数据系统中。

〔场景 1〕体现的是消费者利用谷歌眼镜与手机移动终端满足自身需求；
〔场景 2〕体现的是线下商家利用数据系统向消费者推荐产品，买家通过移动
终端完成结账。这两种方式都实现了线上与线下运营相结合，能够为消费者
提供优质的服务。由此可见，持续发展的新兴科技已然渗透到人们日常生活

中的方方面面，越来越多的企业在全渠道领域展开布局。

国内企业的全渠道战略布局现状

在传统模式下，零售业拥有具体形态，其经营主要集中于线下渠道，以现场经营为主，比如超市、便利店、购物中心、百货公司等。

在互联网高速发展的今天，以阿里巴巴、亚马逊为代表的电商平台迅速崛起，线上商店开始普及，其经营类似于淘宝采用的C2C模式，即在网络平台开展商品运营，以天猫为代表的电商平台则采用B2C模式，如同将"百货公司"从实体渠道转移到线上渠道。

传统模式下，商家采用单一渠道开展运营，随着发展，以京东、苏宁为代表的企业开始采用多渠道、跨渠道经营模式。多渠道运营，即在开展实体经营的同时，同时利用电话、移动终端、社交平台等向消费者传递商品与品牌信息。跨渠道是对多渠道经营模式的进一步延伸，能够使商家将不同渠道的运营打通。

近年来，国内越来越多的零售商选择采用O2O模式，将实体经营与线上经营融为一体，利用网络平台集聚流量，促使目标顾客进店消费。O2O模式并不单纯指线下企业拓展线上渠道，或者电商企业落地线下，还能将不同渠道打通。

随着多媒体的普及，消费者可通过多种渠道获知产品及品牌信息，他们在营销过程中的地位由被动转为主动，可通过多种零售终端满足自身的商品需求。从消费者的角度分析，在全渠道时代，他们可以在某渠道浏览商品信息，然后通过另一种渠道进行更为深入的体验，再通过其他渠道进行消费。从商家的角度来分析，全渠道是对多渠道的深入发展，这种模式能够将不同渠道的运营结合起来，向消费者提供无差别的统一体验，使各个渠道的运营能够相互配合，融为一体，各个渠道间实现顾客、资源、信息、物流的共享，并运用社交媒体向消费者提供统一的服务。

如今，零售业已经将全渠道视为未来的发展方向。尽管这种模式在现阶

段还无法在国内普及开来，但很多企业都认可了这种理念，并积极投身于
O2O 模式的实践。部分零售商不惜重金在电商领域与移动终端展开布局，力
图在线上市场占据优势地位。

"双 11"已成为公认的电商促销节，每年都会有很多企业参与这场激烈
的市场争夺战，例如，天猫与京东每年都会拉开战线，其中，天猫拥有强大
的流量基础，京东的家电产品则热销于市场，双方势均力敌，各有优势。

与此同时，京东、当当、苏宁等纷纷在电商领域展开布局。比如，京东
采用 B2C 模式进行自营平台的打造，苏宁既有自己的电商平台，也就建立了
实体店，并开展零售服务的运营，一号店是国内电商领域内发展"网上超市"
的领军者。由此可见，以往集中于线下渠道服装企业、家电企业、零售企业
等在开展实体运营的同时，也开始通过线上渠道进行商品销售，实践全渠道
经营模式。

数据统计结果显示，国内前 100 名企业榜单的公司里，涉足网络零售的
占到 67%，其中，独立打造线上平台的有 51 家，拥有独立平台同时联手其
他平台的企业有 8 家，还有 8 家企业只借助第三方平台开展线上运营。此外，
以往只聚焦于线上渠道的实力型电商企业也开始建设实体门店，阿里就是这
方面的典型。

▍企业实施全渠道战略面临的障碍

◆外部环境制约

我国很多百货公司的利润仅来源于租金收取与销售返点两种渠道，企业
经营的产品全部都要从第三方引入，难以实施全渠道模式。没有自营商品、
缺乏商品所有权的企业，在电商化发展过程中会面临诸多挑战。

除此之外，国内中小型零售企业的布局缺乏集中性。入围 2016 年全国百
强连锁企业的全国性零售企业寥寥无几，国内大多数零售企业只在特定区域
范围内有较高的影响力。这类企业的辐射范围较小，难以实现大规模的覆盖，
且品类有限，其经营缺乏差异化优势。即便企业推出自建平台，对顾客的吸

引力也较低，触达范围较小，无法比肩于淘宝、京东等实力型电商平台。另外，严重的同质化竞争导致企业难以扩大自身品牌的影响力，无法实现全渠道运营。相比之下，小规模零售商家的资金实力比较薄弱，也不具备技术方面的优势，通常会选择入驻第三方电商平台。

◆ 内部环境障碍

外部环境制约是一方面，与此同时，零售企业还要解决自身的问题，如技术攻坚问题；不同渠道、不同系统、不同环节无法实现有效的信息共享，给企业流通带来阻力；企业在不同渠道的运营需采取不同方式计算其投资回报率；另外，企业在组织结构、文化建设、流程重塑方面的问题十分突出。

（1）组织结构。企业要想实践全渠道运营模式，首先要做的就是对原有组织结构进行改革。企业在发展过程中，其总体规模会不断壮大，组织结构的复杂程度也逐步提高，给后期的全渠道战略实施带来诸多挑战。另外，在具体实施过程中，企业要明确战略制定部门，并做好预算工作，并将具体实施任务交给特定部门来负责。

（2）文化创新。企业的文化基因形成要追溯到早期创业阶段，后期则会承袭这些基因。在企业长期发展过程中形成的办事流程，会逐步得到员工的认可及遵守，要想在短时间内改变并不容易。为此，企业需要选择适合自己的激励政策，采用恰当的绩效评估机制，提高文化开放程度，避免给技术应用造成不便。

（3）流程改造。要实施全渠道战略，就要对现有流程进行相应调整，但这种改革在短时间内无法实现。在具体实施过程中，企业要把握消费者的个性化需求，为此要利用客户关系管理系统将不同渠道的消费者数据整合起来，不断提升顾客的购物体验，为员工提供技术支持，提高企业的营销针对性。

（4）技术限制。部分企业缺乏专业的信息技术人员，无法推出完善的技术服务平台，难以为自身的全渠道战略实施提供有效的技术支撑，导致企业线上渠道与线下渠道的运营无法实现有效对接，平台设计方面也存在问题，给企业发展带来阻力。

（5）预算不足。全渠道运营对企业的资金实力提出了较高的要求。在战略制定阶段，企业会对资金投入与最终获得的回报进行综合考量。如果营销部不能计算出确切的资金回报率，其战略选择就难以得到高层管理者的支持。此外，全渠道模式的发展尚不成熟，很多企业都采取观望态度，尽管谨慎选择能够降低企业的风险，但犹豫不决也会导致企业错失发展机遇。

（6）跨渠道履约与供应链管理问题。全渠道运营战略的实施，要求企业实现跨渠道履约，让消费者能够随时随地购买产品，并且能够以便捷的方式提货，从而降低企业的库存量，使商品挑选、包装、加工、付款（pick，pack，process，pay 合称 "4P"）环节能够串联起来。在传统模式下，零售业主要通过商店履约，在电商时代，企业开始尝试实现跨渠道履约，但在具体实施过程中，企业需要选择恰当的履约方式，进行科学而高效的库存管理，并将商品流通工作分派给特定人员，与此同时，还要处理好各个渠道的利润分配工作，避免渠道之间相互竞争。为此，企业要实施有效的供应链管理，通过实现跨渠道履约来增强自身的竞争实力，推进全渠道战略的实施。

全渠道零售模式落地的运营策略

至 2018 年，新零售已经成为社会各界关注的一大热点，在抢滩新零售风口方面，既有进行技术及模式创新的创业者，也有在规模与体量方面拥有绝对优势的零售巨头，当然，还少不了携巨额资本而来的投融资机构。对于新零售模式究竟应该如何落地，各路玩家也给出了差异化的答案，那么，当前正处于艰难转型期的零售实体店又能从新零售模式中获得怎样的发展机遇呢？

在用户主导的新消费时代，传统实体零售商与电商企业都应该对用户需求保持高度关注，为了满足用户的全渠道购物需求，必须发展线上与线下相结合的新零售。目前，零售实体店纷纷通过转型升级来完成互联网化转型。比如：

（1）步步高集团打造集书院、百货、餐饮、观影、主题乐园、体育赛事、飞行体验馆等诸多业态为一体的梅溪新天地，从而建立泛娱乐化的超级 IP。

（2）辽宁兴隆大家庭依托当地市场，制订面向广大民众的全民营销方案，并创造让不同群体获得体验感与归属感的多个购物节，从而推动了自身经营

业绩的快速增长。

（3）南京水游城则致力于将自身升级为南京体验娱乐地标，持续性地广泛开展主题营销活动。

企业在实施全渠道战略过程中，第一步要做的就是为消费者提供一体化的购物体验，帮助消费者节省时间与精力成本。很多网站都缺乏集中性，无法满足消费者的全方位需求，远不如百度、谷歌等"一站式"平台。

在互联网时代下，信息泛滥已成常态，但用户的信息接收量有限，会忽略许多网站信息。企业要想得到消费者的认可，实现全渠道运营，就要从分散走向集中，打造一体化的购物平台，并扩大其覆盖范围，并丰富商品品类，为消费者提供多样化的选择。

在这方面，不妨借鉴奥特莱斯的做法，打造品牌直销购物平台，或者突破行业、区域界限，打造一体化电商平台。在经营过程中，企业要注重实施差异化战略，实现品牌价值的推广，还要保证自身的产品质量，通过完善自身服务提高对消费者的吸引力。

◆变革传统组织架构，为全渠道战略实施打下基础

要想实施全渠道战略，企业就要从宏观角度出发，统筹考虑各个层次和各要素，选择适合企业的发展模式，并发挥各个部门间的协同作用。将品牌理念准确传达给员工，促使他们不断提高消费者的体验。建设相关机制，有效促进不同部门间的合作。逐步消除企业的层级差异，为全渠道战略的实施打下基础。

企业要实现全渠道运营，就要消除不同部门间的隔阂，将各个渠道的运营打通。在设置内部组织结构时，要充分考虑顾客需求，使各个部门都能致力于顾客体验的打造，避免为企业的发展带来制度方面的阻力。注重对员工的教育与培训，促进员工之间的信息分享，使他们能够从全渠道的角度思考企业发展过程中的问题。

◆线下门店拓展线上渠道，电商平台走向线下

一方面，实体店应该引进虚拟化设施，在店内布置茶几、沙发等道具，让消费者仿佛置身家中，能够在舒适的环境下进行网络购物。为了进一步提升消费者的体验，还可以在店内安装无线网、智能展示屏、数字电视等，让消费者可通过扫码方式结账，能够自助查询、浏览商品信息，还可为员工配备平板，方便他们随时调取数据库的信息。识别顾客身份，为其提供个性化的推荐服务。

另一方面，对于电商平台的运营，消费者无法进行现场体验，不能通过试穿、触摸等方式来对照，对商品质量存在担忧。针对这种问题，电商平台应该提高商品的标准化水平，使其能够通过图文形式将商品的多方面信息展示出来。如果是服装类产品，商家可为消费者提供虚拟体验服务，便于消费者观看穿衣效果。为了提高顾客的购物体验，企业应该完善自身的订货系统，提高支付功能的安全性，加强库存管理，丰富自身经营的商品种类，为顾客的信息反馈提供有效的渠道支持，通过微博、微信等社交平台与消费者进行互动，维持与顾客之间的良好关系，提高顾客的黏度。

此外，实体店可使用移动终端完成下列操作：显示商品价格，储存消费记录，扫描二维码，电子支付，推送优惠信息、发货提醒、店内导航等，还能在移动终端进行商品评价，将购物信息分享给好友，或者用移动终端与服务人员取得联系，获得咨询服务。

◆零售企业内部渠道流动

要实现全渠道运营，企业就要提高库存管理信息的开放程度，在各个渠道间进行共享，为此，企业要消除不同渠道之间的界限，使渠道之间的运营能够相互配合，使商品能够在不同渠道间流通顺畅。在库存管理方面，分属于不同区域的分销中心要发挥协同作用，如果电商与移动渠道出现库存短缺问题，分销中心也要采取相应的补救措施。

企业在与消费者进行交易的过程中会对消费者做出承诺，并在售后服务环节兑现这些承诺。为了提高消费者的购物体验，应该由距离消费者最近的零售实体店为其提供相应的服务，也就是说，实体店不仅要对本店的顾客负责，还要对网络及移动渠道购物的消费者负责，在商品出现问题后，要按照实现的约定，为消费者提供退换货服务。

上述处理方式的优势在于：消除网络和移动端消费者的疑虑，通过线上渠道下单的顾客在发现问题后也能得到解决。到实体店提货，也能吸引线上顾客到线下消费，以此带动实体店的发展，避免不同渠道之间展开内部竞争，

或消费者只在实体店体验，转而到线上渠道下单。

从零售企业发展的角度来分析，由终端门店提供产品退换服务或提货，可以减少运输环节的消耗。要打破渠道间的壁垒，就要做到不同渠道相互配合，提高企业库存的开放性，实现统一的物流配送，使各个渠道的运营共同致力于企业的发展。

◆建立全渠道平台

在全渠道时代下，要提高企业发展的持续性，就要建立全渠道平台，将不同部门的业务运营串联起来。该平台包括两大板块：直接面向消费者的前台与致力于消费者体验打造的后台。其中，实体店、网店、移动端应用、社交媒体互动、微博、微信等属于企业的"前台"。

全渠道平台的后台利用数据库管理系统进行供应链、物流、库存、客户关系等方面的管理，还要进行订单、团购信息的处理，与第三方平台进行信息共享等。在这个过程中，企业要用到库存管理系统、CRM 客户关系管理系统、OMS 订单管理系统、顾客信息库、CMS 企业内容管理系统、PIM 产品信息系统、ERP 企业资源计划系统等。

▌全渠道零售环境下的营销新法则

◆智能化的客服部门

传统模式下，企业的客服部门主要采用邮件、电话等方式与消费者进行沟通。现如今，社交媒体迅速崛起，智能手机、平板等得到普遍应用，消费者可通过多种渠道及终端设备了解企业的品牌信息。

在全渠道时代下，企业需与时俱进，将传统媒体与新媒体相结合，为消费者提供多样的渠道选择。为了进一步提高用户体验，可采取用户自助服务与人工客服相结合的形式实现各个客服渠道的统一，在与顾客沟通互动的过程中，能够在不同渠道之间自由切换，比如从社交媒体切换到邮件形式，提高自身信息处理系统的灵活性。

此外，企业的客服部门要获取与分析消费者的相关数据，从海量信息中提取其商业价值。举例来说，通过分析消费者的咨询、反馈信息，能够进一步把握消费者的需求。未来，企业的客服部门除了对消费者信息进行存储之外，还会打通企业的办公数据系统，并向顾客接入系统提供开放接口。

◆打造统一的顾客体验

消费者社区中包含企业的许多顾客，每个顾客的需求不同，对企业产品的期待、意见也不同。在消费过程中，很多顾客习惯于将产品信息发布到社交平台上，以此获取好友的评价。

在全渠道时代，零售企业应该重视顾客的意见，并及时与顾客进行沟通，因为社交平台的评价情况会对企业的商品经营及品牌推广效果产生影响。消费者希望能够在各个渠道获得标准一致的服务，企业则需保证在各个渠道梳理统一的品牌形象，降低渠道之间的转换成本。将线上渠道及线下渠道的运营结合起来，为消费者提供一致化的体验服务，以符合消费者的期待与需求。

◆提高营销针对性

企业通过建立全渠道平台，能够有效提高营销针对性，满足消费者的个性化需求。在具体实施过程中，企业要对来源于不同渠道的消费者数据进行整合，通过收集、分析消费者的各类数据，包括网上浏览记录、购物记录、会员卡的信息、消费记录等，对消费者的基本信息、消费偏好、习惯等进行把握，据此挖掘消费者的需求，实施精准化营销，选择恰当的时机与地点向消费者推荐符合其需求的产品，并结合促销手段，促使其做出消费决策，从而提高营销针对性，以期达到更为理想的营销效果。

近年来，随着移动互联网的高速发展及智能终端设备的普遍应用，人们的生活方式已不同于以往，为全渠道的发展提供了有利的环境。美国媒体机构 Zenith 预测，到 2018 年时，中国智能手机的用户数量将达 13 亿，位居全球第一，与此同时，我国平板电脑的拥有率也在不断提高。

越来越多的用户习惯了通过智能终端与互联网平台完成工作，或者进行日常的休闲娱乐、与好友互动，是一种不同于以往的全新生活方式。从零售企业发展的角度来分析，全渠道已经成为未来的发展趋势。目前，以梅西百货、百思买、沃尔玛为代表的实力型企业都在全渠道领域展开布局，可以推

测，全渠道战略模式将被更多企业实践。

零售企业转型全渠道的实现路径

随着电子商务的迅猛发展，传统零售业受到了极大的冲击，产品销量不断下降，利润不断下滑，再加上地租及人力成本不断上涨，传统零售商陷入了生存困境，不得不面对以下三大问题：

（1）客流不断下滑。这里的客流指的是客流量或订单量。随着电商的出现和发展，消费者线上购物习惯的养成，线上分走了大量客流量，使得实体店的客流量不断下降。

（2）客单价不断下滑。这里的客单价指的是小票平均流水或订单平均金额。随着线上品类的渗透率不断提升，实体店铺商品销售的连带率受到了极大的影响。

（3）会员大量流失。在 PC 互联网时代，实体零售店铺流失了大量青年会员；而自进入移动互联网时代以来，随着移动网络不断升级，智能手机的普及应用，受移动 APP 购物、移动支付方便快捷等因素的影响，实体零售店铺流失了大量中老年会员。

零售行业要想解决这些问题，必须推行全渠道零售业务，对线上销售渠道进行拓展，为顾客提供全天候、全方位接触点，吸引更多客流；必须开展全渠道运营，使进店顾客的订单转化率得以有效提升；开展精细化的商品运营，提升客单价；开展精细化的会员管理与营销，增强会员黏性。

而零售企业要想开展全渠道运营，必须自建企业电商网站，自建移动APP，入驻天猫、京东等大型传统电商平台。但是，无论零售企业采取何种策略开展全渠道运营，都会面临以下三个问题：

◆ **业务再造**

零售企业业务再造的目的是保证零售企业的组织架构、考核体系、岗位职责、业务流程与全渠道零售战略相符。具体来看，零售企业的业务再造需要通过以下三个步骤实现：

（1）企业要明确自身的战略定位。零售企业要以现有的渠道优势为基础选择新渠道，确定优先拓展的渠道，明确渠道拓展方案及资源配置与推进计划，对渠道间的利益关系进行平衡，引入人才，做好团队建设，准备充足的资金。在智能手机、移动支付普及应用的情况下，零售企业应顺应未来的消费趋势，率先构建移动渠道。

（2）企业要适时地调整组织架构。零售企业要以战略定位、全渠道业务进程、业务模式为基础适时地对组织架构进行调整，明确各店铺在新业务模式下的职责及各业务业绩考核标准。比如，某线下实体零售企业开展了线上业务，在线上订单量比较少的情况下，拣货、配送等业务不会给店铺的正常运营造成不良影响。但订单量一旦超出限定额度，企业就必须为新业务开展增设特定的岗位，或者对现有的业务岗位职责进行调整。

重建线上、线下客服体系，包括售前客服、售后客服、电话客服、网站客服等，对于线上业务的开展来说，客服体系的重建非常必要。

（3）企业要适时地优化、整合业务流程。零售企业要根据自己未来的业务发展方向优化业务流程，针对关键业务模块制定流转规则与责任权限，对流程整合的业务范围进行明确，制定关键管理规则，设置 KPI 来对业务流程效率进行考核，参照组织架构设置组织职责与岗位职责，并根据业务发展建立流程定期优化升级机制，让业务流程紧跟业务发展进程。

◆**基础改造**

（1）零售门店与商品的数字化改造。在 PC 互联网时代，电子商务主要是 PC 级电子商务，其代表企业主要是京东、阿里巴巴，这些企业最初的工作就是对商品和销售组织进行数字化改造。事实上，实体零售店要想推行全渠道零售战略，就必须对零售门店与商品进行数字化改造。如果不能做好这一步，后续的全渠道业务就无法顺利推行。

前几年，我国的零售业实现了迅猛发展，基本上所有的业态都发起了跑马圈地运动。过去，零售行业非常推崇品类管理，其原因就在于无论是百货商场还是超市都推行了商品"大码联营"的运营方式，很多企业都希望能借品类管理来提升商品经营技术，但这种尝试大多以失败告终。对于商品精细化管理、商品数字化来说，单品管理是基础，因此，线下实体零售商首先要

解决"大码联营"商品的管理问题，之后才能对商品资料进行数字化管理。

（2）改造线上零售商的物流配送模式与能力。现有的 DC 只对实体零售门店配货，零售企业要对这种仓储、配送体系进行改造，构建与 B2C 模式相符的物流仓储模式和多类少量的库存结构，以跨渠道业务需求为基础对 DC 布局进行改造，使其仓储能力不断提升，并为其增添自动分拣、拆零配送功能。另外，零售门店还要增设货架拣货与门店配送功能，以满足未来顾客全渠道订单交付需求，让顾客既可以享受送货上门服务，也可以自行到店提取货物。

◆ **系统重构**

随着科学技术的不断发展，中国乃至全球的零售业都进入了全渠道时代，对于传统零售业与传统电商来说，O2O 是其业务改造的关键点。但目前实体零售企业的核心业务却无法为全渠道运营提供有效支撑。

如果传统零售企业的核心业务系统无法为全渠道运营战略的推行提供有力支持，零售企业就必须改造现有的信息系统，构建全渠道零售业务支持系统。但是，现阶段，面对国内各大零售企业的全渠道业务升级，即便是全球领先的系统供应商也无法为其提供成熟的解决方案与系统支持。

在全渠道背景下，针对实体零售企业信息系统的构建，零售企业提出了统一的意见：以现有的信息系统为基础构建全渠道零售业务服务枢纽平台。在业内，这个枢纽平台还有另外一个名字，叫作全渠道零售中台。

全渠道业务支持中台以全渠道业务处理为定位，其主要工作内容是面向全渠道业务融合生成的复杂的业务逻辑、并发的性能要求、创新业务的功能要求提出应对策略与解决方案；以全渠道中台为基础，零售企业可构建起线上、线下联结的桥梁，为跨渠道协同的实现提供诸多可能，满足全渠道零售拓展新业务、构建新流程的要求。

另外，零售企业要推行集中统一的零售运营管理策略，对所有渠道的商品资料信息进行共享，对订单进行集中处理与分配，让商品存储、拣货、配送、客服、售后等都实现统一运行，对会员资料进行统一分析与营销。

基于此，全渠道业务支持中台要将以下工作视为基本任务：对全渠道业务的开展要求进行整体规划，针对库存、营销、订单、会员等核心业务主体构建管理平台，对线上前端业务处理响应需求与后端业务管理要求进行对接；在全渠道业务平台对全渠道零售的业务规则、策略及模型进行维护，以适应多端变化；对于新的全渠道业务，后台系统要做好管理，对企业规则进行维护，接收结果，做好账务处理工作。

对于传统的实体店系统服务，零售企业要保证其原有的通路不变。未来再以线上线下业务融合需求为依据，将有共享需求的功能逐渐迁移到管理枢纽平台上。

零售企业要接入互联网必须经由全渠道中台，因此，全渠道中台必须具备随时随地访问、立即对所负责的业务规则进行处理的功能，必须与线上线下数据流量波动相适应。对于这两大要求的满足，云技术有先天优势，因此，云服务成了零售企业构建全渠道中台最常用的方法。在这种情况下，传统的线下业务支持系统会逐渐完成互联网化或云化改造，从而满足全渠道零售的业务需求。

第11章 智能化零售：
物联网时代的零售实践

▌实践1：与顾客建立亲密关系

随着互联网的迅猛发展及互联网设备的普及应用，人们的生活方式、工作方式和娱乐方式都发生了很大的变化，并且各行各业都遭到了彻底颠覆。在这种环境下，大大小小的零售商都在尝试借助智能互联设备构建数字生态系统，为用户提供新型服务，重塑客户体验，同时朝新的市场迈步发展。

在物联网领域，很多看似匪夷所思之事逐渐成为现实，有些事情甚至超出了人们的想象。在这种情况下，零售商必须立即行动，制定物联网实施战略，以占据先机，提升自己的市场知名度，抢夺市场份额。

现如今，很多企业都认识到与顾客建立亲密关系的重要性，于是纷纷采取各种手段增进与顾客的关系，在这方面，物联网将为其带来更加真切的体验。随着智能设备的普及应用，客户体验逐渐实现了数字化，这些体验汇聚在一起形成了万物互联的大趋势。在这种环境下，企业可以根据每一位消费者的需求对产品与服务进行设计、创造。

在这种情况下，物联网设备的购买率与使用率将大幅增加。据埃森哲《物联网现状》研究显示：在2019年之前，近2/3的消费者都希望能购买互联家居设备，并且在2016年，拥有可穿戴设备的消费者数量比往年同期增长了一倍。

随着物联网的出现和发展，在生态系统开发方面，零售商发现了良机。

在物联网的作用下，实体世界与数字世界实现了联结，消费者无论是否在店内都能借智能手机开展双向实时互动。过去，很多零售商都担心消费者只会在实体店铺中查看、试穿商品，然后利用智能手机到竞争对手的网店中购买商品，因此不愿意实现数字化。现如今，零售商对数字化的方式展开了新一轮的探索，希望能通过与顾客建立密切联系来强化其在店内的体验。

为了能与顾客建立密切联系，零售商可以在顾客进店之前就利用无线信标定位技术与其直接互动。比如，罗德、泰勒等百货已开始借助苹果的 iBeacon 技术和 Swirl 移动营销平台，有针对性地为有下载品牌应用需求的顾客推送促销信息，带给其个性化的体验。

另外，在零售商与顾客互动的过程中会生成大量数据，零售商就可利用这些数据改善客户体验。比如，利用传感器对顾客在店内的行动轨迹进行跟踪、记录，商家可以此为依据对商品陈列进行优化。在这方面，雨果博斯公司做出了很好的示范，该公司在店内安装了热传感器来追踪、研究顾客在店内的移动路径，找到客流量最大的区域，从而将热门产品摆放在这个区域。

随着支付宝、微信支付等移动支付已实现普及应用，二维码、蓝牙等智能设备联通与互联商店也越来越常见。在这种情况下，借助互联网与智能设备，商家能与潜在购物者实现即时连接，向其展示商品信息、推广商品。同时，商品的潜在购物者也能通过智能设备直接支付，无须排队等待付款。届时，所有产品都将被联通到云端数据库，产品积分与优惠折扣都能实现共享，从而带给消费者乐趣无穷的购物体验。

自进入 21 世纪以来，在实体消费品营销方面，体验式营销就成了一种主要的营销策略。据尼尔森公司在 2015 年发布的研究报告显示：在中国，34%以上的消费者希望能在购买商品之前体验商品，尽可能多地获取商品信息；61% 以上的消费者认为相较于线上购物来说，他们能在线下购物的过程中获得更多乐趣。

由此可见，互联网电商并不会完全取代实体零售商，互联网技术发展的目的也不是消灭实体零售。因此，对于实体零售商来说，他们最需要做的工作就是利用互联网技术，与线下场景相结合，为消费者提供更优质的消费体验，更完美的售后服务，从而提升交易额，提升消费者的忠诚度。

【案例】无处不在的趣味积分活动

在日常生活中，零售企业经常使用积分活动来培养消费者的忠诚度，也就是说，积分活动是非常重要的一种品牌营销手段。相关数据显示，在国外，平均每个家庭每年都至少会参加 9 次以上的积分活动。随着互联网的发展，积分活动不仅没有被淘汰，反而创造出了很多新玩法，带给顾客非常有趣的体验。比如，顾客将绑定了会员卡的手机靠近收银台，借助 NFC 技术，系统就能立即识别顾客身份，帮顾客完成付款、积分。但是，很多大型消费型产业由于不直接面向消费者销售产品，所以从未开展过积分活动。

但是，随着消费品唯一编码技术的出现，借助智能手机，消费者能非常方便地对产品进行扫描，获得更多产品信息，迅速辨别产品真伪，快速加入消费计划，获取更多奖励，享受更优质的服务。在整个过程中，品牌并没有直接面向消费者，却与消费者建立了密切联系，掌握了丰富的消费者大数据及有效信息，为之后产品与服务的创造提供了有效保障。

在竞争越发激烈且复杂的情况下，企业要想获胜就必须直接与消费者建立联系。如果企业不直接面向消费者售卖产品，可以收购互联网企业为消费者提供数字化市场、推广信息与积分服务，对于喜欢尝试新鲜事物的中国消费者来说，这些服务有着极大的吸引力。现如今，中国零售企业的数字化进程正在加快，数字化系统不仅功能强大而且使用起来非常方便。由此可见，几年后，消费者与产品每次在现实世界的交互都会延伸到虚拟现实世界。

积分活动很有可能与微信、淘宝等一体化平台相融合，消费者可以通过扫描信息或完成支付等方式加入积分活动平台。届时，促销活动与购物、消费过程会实现全面融合，使人们新的消费习惯得以培养。在这种情况下，消费者无须额外操作，随着用户黏性越来越高，用户邮箱中的广告邮件会越来越少，产品信息及服务投放会越来越精准。

实践2：全流程监控商品流通

现如今，零售业变革所需技术已经完备，变革所需成本也已经可控，能否顺利实现变革，关键在于变革者本身是否有变革决心，是否对零售发展新趋势有清醒的认知。

从表面上来看，一切如旧。事实上，商品包装早已开始变革，其表现是：在物联网环境下，每个产品都拥有了一个独属于自己的身份编码、独一无二的 ID，这种产品被称为"物联网化产品"或"物联网"消费品。将这些编码附加在商品包装上的方式有以下几种：

★二维码（QR-codes）：直接刻印在产品包装上，以标签的方式附加在产品包装上。

★射频识别（RFID）：以标签形式附加在产品包装上。

★数字矩阵（Data Matrix）：随二维码实现更高级的应用。

★近场通信（NFC）：隐藏在产品内部，肉眼不可见。

之所以要为产品附加一个独一无二的编码，就是因为通过这种方式，消费者能通过扫描对产品真伪进行验证，快速获取产品积分及更多产品内容；而专业人员却可以实时获取产品数据，对产品分销及物流情况进行实时跟踪，召回不合格产品或滞销产品；品牌方可搜集消费者行为数据，对造假区域进行主动监测，通过全流程监控让利润空间实现最大化。

在国内的零售市场中，消费者与商家经常处在对立面，消费者对商家存在极度的不信任。在购买产品时，消费者十分担心产品质量与真假。在中国零售市场上，假冒伪劣产品层出不穷，相较于假冒伪劣产品给市场带来的危害来说，人们对假冒伪劣产品的担心与恐惧危害更为严重。

因为担心产品的真假，所以消费者经常放弃购买某一产品，即便这个产品不是假冒伪劣产品。因此，对于企业来说，终结消费者对产品质量的恐惧与担忧是一个非常重要的课题。为了解决这个问题，企业为每个产品都配备了唯一的 ID、二维码与隐藏编码，以便消费者非常方便地验证产品的真伪。

20年前，中国的零售企业为了保护自己的产品，在产品上附加印有ID的贴纸，消费者要想验证产品的真伪，只需拨打电话。但是，一些山寨厂商可用同一个ID制造出很多假货，于是，这种验证产品真伪的方式逐渐失效。

现如今，利用互联网技术，在产品分销的过程中利用产品的唯一编码对产品进行扫描，不仅能使分销渠道实现透明化，还能迅速识别出仿冒ID，更好地保护正品，提升消费者对产品的信任度。随着产品扫描率逐渐提升，消费者的参与度也会越来越高。

唯一ID将在分销体系、活动推广、产品交易领域实现广泛应用，识别仿冒ID的速度会越来越快，最终让假冒伪劣商品彻底消失。具体来讲，对产品编码有效性的检查将覆盖产品销售的每一个环节，在这个过程中，仿冒ID将被有效识别出来。这样一来，消费者就无须再为产品的真伪而担忧，即便不主动检查产品，产品也一定是正品。只要假冒伪劣产品不消失，消费者对产品质量的担忧就不会终结。

在国内零售领域，产品编码非常流行，并被很多品牌商与行业专家视为零售变革的开端。随着物联网技术的发展，消费者的购物方式，零售店铺的零售模式将发生巨大变革。

尼尔森研究显示：31%以上的消费者希望能在购买产品之前试用产品，以获取更多的产品信息；64%以上的消费者表示他们能在线下购物的过程中获得更好的购物体验。由此可见，未来，线上购物不会占据主导地位，而线下购物要想实现更好地发展，就必须在购物的过程中通过感官刺激带给消费者良好的购物体验，满足消费者获得他人肯定的需求，同时借互联网、物联网带给消费者极致的购物体验。

▎实践3：实现分销渠道扁平化

中国的消费市场规模庞大，人际关系网络复杂。对于产品品牌的传播与销售来说，分销网络起着非常重要的作用。分销网络遍布零售市场的每个角落，只有借助这个复杂而庞大的分销网络，企业才能将产品销往全国各地，但对于分销网络的参与者，企业却毫不知情。也就是说，这种分销网络极度不透明，而商家却正好利用这种不透明性压低商品进价，销售假冒伪劣产品以获取暴利。

在这种情况下，渠道竞争越发激烈，渠道稳定性较差，产品销量不断下滑。同时，零售企业为了在竞争中取胜不断降低产品售价，使自己的利润空间不断缩小，使企业的研发能力与运营能力不断下降，给企业运营造成了巨大的困难。为了解决上述问题，零售企业必须借助物联网技术对产品的流通信息进行追踪，使分销渠道实现扁平化、透明化。

【案例】伊利：全流程分销追踪系统

伊利集团在 2011 年引入了产品追踪系统，为所有的产品附加了唯一的编码，通过各个流通节点对商品进行扫描，商品的流通信息就能及时反馈到总部，从而实现对每个批次每件产品的精确跟踪，以免代理商与零售商无视合同条款随意压价，随便转卖折扣产品，扰乱市场秩序。据伊利评估，自引入该系统以来，窜货事件明显减少，现如今每个月发生的窜货事件已不足百起，并且 75% 的窜货事件都能得以妥善解决。仅在这一方面，引入该系统一年就为企业节约了数百万美元。

现如今，对于中国的零售企业来说，市场配货调度是一大难题。快速消费品的市场流通离不开遍布全国的经销商，由于各地的供货渠道、地理位置、季节温度不同，经销商采取的激励策略也有很大的差异。并且，很多经销商为了骗取企业的优惠政策经常谎报销售数据，为了解决该问题，为零售企业提供准确的供货图，提升交易消费比例，零售企业必须对产品进行精确追踪。

虽然，现在各零售企业的创新还未形成体系，但产品识别与跟踪系统有望实现标准化，从而对零售商与消费者的行为进行高度整合。换句话说，就是对于每一笔产品交易，产品公司都有望实时掌握，比如，哪位消费者在哪家门店用什么价格购买了商品等。并且，产品公司还能与合作的零售商实时沟通，共同对特约经销店的商品推广活动进行策划。在国内，一些行业领导企业正在这方面努力探索，尝试在二维码技术与价格补贴的支持下引导消费

者使用，这种尝试取得了不错的成果。

如果分销渠道管理能够实现扁平化、透明化，品牌就能在销售渠道建设方面更灵活、有效地制定激励性销售策略，使投资收益实现最大化。这一变革对于终端消费者来说无足轻重，却会使零售企业的分销体系实现革命性变革。

比如，某零售企业要想在某个新的零售市场迅速获取一定的市场份额，就需要为代理商提供 10% 的产品返利，或在产品推出的第一个季度让利消费者，使产品的出货量有效增长。或者，品牌要想吸引新客户，就必须给能够吸引新客户，并使新客户转化为会员的零售商、代理商一定的利益（比如，允许其从每位新客户的订单中抽取 15% 的回扣等）。在当前的市场环境下，所有方案组合都有实现的可能。正如航空公司对每个座位的收益进行优化管理，将日常交易划归到单位渠道、单位产品上一样。

▎实践4：企业供应链优化运营

现如今，零售商品的生产、管理、销售尚未实现完全数据化，因此，在产品流通的过程中经常出现产品信息缺失、管理不善等问题，使企业的运营成本被严重浪费，同时使地球有限的自然资源受到极大的威胁。

比如，鲜牛奶的保质期比较短，非常容易过期，所以，每天都有很多零售店将过期的鲜牛奶退回生产厂家进行处理，造成了严重浪费，而因此增加的成本最终会转嫁到消费者身上。所以，对于零售企业来说，如何借助数字化技术告别浪费具有划时代的意义。

【案例】Biedronka：产品保质期管理

Biedronka——波兰百货零售行业的龙头企业，为了告别浪费将GS1 2D条码引入了生鲜产品管理，该条码包含了产品的保质期。自引入该条码之后，零售终端就能对出货情况进行实时跟踪，并对库存产品的保质期进行推算，以采取有效措施处理临期商品，以免商品过期造成损失。如此一来，

Biedronka 不仅提升了生鲜产品管理的效率与质量，还为消费者带来了更加优质的服务与体验。

在全球食品供应链中，被浪费的实物占比高达 15%。在这种情况下，实行标准化的供应链管理，将 GS1 条码附加到生鲜产品上杜绝浪费，将产生巨大的价值。无论采用何种技术让供应链上的产品跟踪与产品互联实现无缝对接，都能提升食品供应链的透明度，增强消费者的消费信心。

该应用的发展前景异常广阔，比如，未来，百货店采用浮动定价策略对易变质产品进行定价，以在到达保质期前将产品销售出去，从而减少浪费。另外，水果店、蔬菜店、餐厅都可以准备榨汁机，将销量不好的水果、蔬菜制成果汁销售，将残渣用作肥料，以减少浪费。

未来，企业可以利用物联网技术对整个食物供应链进行更新、优化，使经济损失不断下降，以减少资源浪费。届时，所有的生鲜产品都将被高度追溯，通过扫描对其新鲜度、质量与价值进行合理管控。同时，零售企业可以以市场需求为依据适量地安排产品生产，从源头上杜绝浪费。

另外，在产品销售的过程中，零售企业可以根据产品的保质期对产品进行灵活定价，采取各种手段刺激消费者购买临期商品，以减少终端浪费。当然，借助物联网技术，消费者不仅能对产品的基本特征有所了解，还能对产品的成熟时间、农药使用情况等问题进行深度了解。这样一来，不仅产品安全能得到有效保证，还能加速供给转变，杜绝浪费。

现如今，市场上出现的物联网产品越来越多。随着社会数字化速度越来越快，未来，市场上出现的物联网产品将越来越多，产品可查特征也会越来越多，产品越来越能实现深度整合。

在产业互联网环境下，各企业借助云计算、大数据等技术将数字空间与现实世界联系在一起，使店铺的运营效率得以有效提升，并实现了创新培育。预计到 2030 年，产业互联网与物联网设备相结合能创造出 14 万亿美元的价值，为全球经济增长提供有效助力。

在供应链逐渐复杂、数字渠道越发重要、客户要求越来越高的情况下，通过互联设备与产品，零售商发现了优化店铺运营的良机。比如，零售商可

以利用无线射频技术对库存进行精确追踪，可以利用数据视觉化技术明确产品在供应链上的位置，甚至可以让客户查看其订购的商品在生产、经销流程中的流转状态。

借助联网智能价签，店铺经理可以对商品定价进行实时调整。比如，适当降低促销产品或滞销产品的价格，提高热销产品的价格等。实现了完全整合的定价系统能让各个渠道上的商品价格保持一致，比如实体店铺与网店。

另外，在供应链系统中，商家还可以对其他物联网设备进行整合，使店铺运营情况得以有效改善，使店铺运营成本不断下降。比如，商家可利用传感器对照明设备的亮度与温度进行监控、调整，一方面提升顾客的舒适度，另一方面节能减排，减少开支。

在传感器的作用下，很多原本需要人工完成的工作都能实现自动化。比如，零售商可利用传感器对个别商品的库存进行追踪，对商品价格进行调整。如此一来，销售人员就能在与顾客交流方面投入更多的时间与精力，使店铺服务与顾客满意度均得以有效提升。

▎实践5：拓展全新的利润渠道

对于零售商来说，物联网最大的价值还在于能为其创造新的收入来源，甚至能构建新渠道。通过新渠道的构建与创造，零售商可以发力互联家居，开发高利润产品，提升营收水平。在实际经营的过程中，这种案例已屡见不鲜。

现如今，家用电器、家庭安全及舒适产品、健康保健产品都已融入物联网生态系统，经营这类产品的零售商不仅能提升这类互联设备的销量，还能凭借这些设备提供的数据拓展、延伸自己的业务范围，让其深入消费者家中。

同时，某些零售商还可以通过转型成整合平台对各类互联产品进行进一步利用，这些平台都遵循着一个基本理念，就是让顾客家中所有的智能家居设备都能轻松"对话"。

劳氏公司推出的 Iris 平台是一个智能家居枢纽，借助 Wi-Fi、Z-Wave
等技术可与任何设备"对话"。这个平台拥有开放式接口，通过这个接口，各
大制造商能让自己的产品与该平台实现对接。凭借 Iris 平台，劳氏公司的竞
争力大幅提升，有了与 AT&T 和 Verizon 等运营商竞争的资本，同时也获得
了新的发展机会，即与制造商合作对各类产品进行整合，将其引入 Iris 平台。
除此之外，家得宝推出了 Wink 平台，史泰博推出了 Connect 平台，还有一
系列这类平台正在相继问世。

除此之外，杂食店等零售商也能建立这种平台，或与这类平台合作。借
助互联平台，零售商能通过一种新的渠道与顾客直接互动，获取更多客户数
据。这些数据信息遍布家居生活的方方面面，小到消费者家庭的月用电量，
大到消费者的消费趋势。以这些信息为依据，零售商能非常有针对性地为消
费者提供产品与服务，或者可以将现有的电商渠道与互联平台进行整合，为
消费者提供各种新服务，比如为消费者提供自动续订产品服务等。

▎实践6：开启智能化零售时代

作为物联网的核心技术，RFID 早已被很多知名的零售企业引入、使用，
如沃尔玛、麦德龙等。一般来说，标准软件模块由两大部分组成，一是供应
链模块，一是门店基础模块，其中供应链模块又包含了四部分内容，分别是
工厂 RFID 装箱发货系统、仓库拣货与复核、仓库收货、仓库出货与追踪。

在物联网作用下，各环节的数据都将实现及时、快捷传输，为品牌商在
短时间内做出决策提供有效支持，从而使供应链的响应速度得以大幅提升。
在 RFID 技术的作用下，零售业将实现巨大的变革，进入智能化零售时代。

【案例】迪卡侬：RFID 技术

迪卡侬是全球最大的体育用品零售商之一，它在其所有商品中都添加了
RFID 技术。当然，迪卡侬引入 RFID 技术的目的不只是防盗，还有更多功

能。比如，顾客只需用手机扫描产品附带的二维码就能模拟试穿，在结账时，顾客无须让收银员逐一扫描产品，只需将购物篮放在扫描设备前就能在几秒钟内完成商品扫描，并打出产品价格清单。这种方式有效地节省了顾客的购物时间，提升了购物效率，为顾客带来了更加便利的购物体验。当然，RFID技术带给零售业的应用不止如此，还有很多事情在悄然发生。

RFID技术是继POS机与条形码之后零售领域出现的最重要的创新。借助RFID技术，以迪卡侬为代表的零售商在库存、防盗、收银、退货等方面实现了深度改革，现如今，正在为实现物流数字化管理而努力。

在现今形势下，零售企业要想推行多渠道战略已绕不开RFID技术。同时，RFID技术还有更多体验性功能有待开发。比如，借助RFID技术，消费者有望在货架前与产品进行直接交互，获取产品信息，辨别产品真伪，享受优惠折扣，分享购物时刻。RFID技术究竟能延伸出何种应用，关键取决于人们的想象力。

◆ RFID技术在零售领域中的应用

（1）商品流通环节的智能化。比如，在物联网环境下，消费者走进一家超市，在集成通信设备与全面覆盖的无线网络的作用下，商品上的RFID标签就能与通信设备传输数据，让消费者获取商品信息。相较于通过读取商品外包装获取的信息来说，消费者通过这种方式获取的信息更加全面，不仅能获取商品的生产日期、所含成分等基本信息，还能追踪到商品的间接来源，如果是肉制品，这个间接来源就是肉的产地、饲养基地与饲养时间等，不仅能有效保证产品质量，还能有效维护消费者权益。

另外，在结算时，消费者无须排队等待收银员一一扫描商品的条形码，只需通过出口的RFID收银系统，就能实现自助收银，非常方便，既提升了收银效率，帮顾客节省了购物时间，还帮零售商减少了人工成本。最重要的是，利用这些自动识别功能，零售商能构建一个消费数据库，加深对消费者的了解，从而以消费者的购物偏好、消费频率、能接受的商品价位为依据安排商品供给，让商品实现有效供给。

（2）仓储物流环节的可视化。在物流管理环节，RFID技术也实现了广泛应用。RFID 技术用在物流管理环节能对物流的及时性、准确性、流通性进行有效控制，使仓储物流的存货成本与管理成本大幅下降。物流企业可利用 RFID 技术对商品进行远程跟踪，与数据信息的传递、交换相结合对大批量商品的物流信息进行跟踪，从而提升物流效率，降低出错率。而且凭借 RFID 技术，物流企业不仅能实时获知商品的位置信息，还能利用智能传感设备对商品状态及周边环境进行监控，增强物流的透明度，让物流实现可视化。

（3）库存管理的信息化。RFID 技术用于库存管理可实现仓储的可视化，从而使断货与缺货两大零售业难题得以妥善解决。

零售业一般订货时间是 6 ~ 12 个月，订货周期比较长，经常出现因库存信息不完整使得市场需求无法得到有效满足的情况，使企业利益受损。另外，因预算过多导致库存积压、商品滞销的情况也有可能发生。在这种情况下，企业必须对库存信息进行准确处理，物联网的出现为这一目标的实现提供了极大的可能。物联网通过对物流环节进行跟踪对商品数据、信息做出了动态分析，进而借助传感器对商品的库存状态进行实时监测，将数据传送到管理层，让管理层对商品库存进行实时调整，使传统库存管理问题得以有效解决。

随着 RFID 技术逐渐成熟，其在零售业领域得到了广泛应用，比如，商品的进出库管理、快速找货、盘点库存等，使操作效率与准确性都得到了大幅提升。比如，在人工盘点货物时代，要盘点一箱货物，工作人员必须逐一扫码，耗时短则 10 分钟，长则数十分钟。而自从引入 RFID 技术之后，工作人员只需将带有 RFID 标签的货物放到扫描区域，RFID 读写器就能自动收集商品数据，这个过程只需几分钟甚至几秒钟。

以服装项目为例，在引入 RFID 技术之前，货物盘点需要 80 台 RF 扫描设备，60 位扫描人员，需要工作 10 个小时，日均发货量 22 万件；引入 RFID 技术之后，货物盘点只需 4 台通道机，10 名工作人员，无须加班工作，日均发货量为 35 万件。二者相较，引入 RFID 技术之后，人员需求量下降了83%，发货量提升了 59%。也就是说，引入 RFID 技术之后，企业的人工成本显著下降，出货效率大幅提升。

◆ RFID 技术在未来零售管理的发展趋势

（1）反应更快。现如今，产品市场竞争越来越激烈，在这种市场环境下，企业能否满足客户需求，关系着企业能否维持竞争优势，在市场竞争中获胜。所以，企业要借物联网在零售业管理中的优势，提升各环节的可视化程度，使企业资源得到优化配置，让管理模式更加透明，获得顾客认可。同时，借助物联网，企业还能快速响应顾客需求，提升服务效率，降低服务成本，增加企业利润。

（2）监控更强。零售企业的员工数量往往比较多，且类型各异，不易管理。借助物联网，零售企业能让企业员工实现有效沟通与交流，相互监督，有效制衡，从而达到协调员工关系，在企业内部实现集成化管理，提升企业监控水平的目标。

（3）满意度更高。在物联网环境下，消费者能享受到极大的便利与个性化服务，能耗费最短的时间找到自己需要的商品，在节省时间成本的同时也能在精神层面获得极大的满足。同时，便捷的售后服务能有效提升消费者的满意度，比如，提醒消费者产品保质期及质量状态，打消消费者的担忧，让消费者可以放心地使用商品。

物联网 RFID 技术是现代信息技术迅猛发展的结果。随着 RFID 技术不断发展及零售企业自身的高速发展，RFID 技术能迅速在零售业实现应用，虽然在这个过程中还会出现各种问题，但 RFID 技术终将在零售业领域发挥出重要作用。

第12章 数字化零售：
大数据驱动的零售升级

大数据战略：精准重构人、货、场

在新生事物层出不穷的移动互联网时代，商业格局也发生了前所未有的颠覆性变革。在互联网时代，实体和虚拟之间的界限被逐渐打破，电子商务与传统零售实现了无缝对接，新零售受到了企业界的广泛关注。再加上物联网、人工智能、AR/VR 等新一代新技术的不断突破，更为"互联网 +"在各行业的落地提供了强大推力，饿了么、新美大等企业也借此机遇向 O2O 服务平台积极转型。

在城市化进程日渐加快背景下，人们对情感与精神需求满足的认识提升到了新的高度，消费升级已经成为一种不可阻挡的发展潮流。在统计机构发布的数据中，2016 年，我国中产阶级（家庭年收入位于 7.66 万元 ~ 28.6 万元之间）的人数为 2.25 亿人。

"80 后""90 后"这一年轻群体成为我国的主流消费群体，他们更为时尚、个性化，追求娱乐与高品质生活，愿意为了带来良好体验的增值服务埋单，而不是简单地关心产品价格、功能等。

在享受多姿多彩的网络生活的同时，我们的出行、社交、餐饮、购物、搜索等各种数据也被企业所获取，经过大数据分析后，这些看似杂乱、毫无价值的数据爆发出了惊人能量，通过分析数据，企业可以描绘立体化的用户画像，从而为其产品生产、定价、营销、销售、配送等诸多环节提供有效指

导，不但为其创造了高额的利润，更引发了零售业的颠覆性变革。

大数据并非仅是技术与工具，它更是一种全新的思维模式与商业理念。借助大数据，创业者及企业为消费者创造出了一系列全新的消费场景，并给其带来了前所未有的极致体验。在大数据等新一代信息技术支撑的新零售革命中，传统的思维模式和商业模式变得不再适用，企业亟须对自身进行转型升级。传统零售企业更多是通过价格战来建立领先优势，但这对自身的盈利能力以及产业的长期稳定发展非常不利。

数字经济时代，数据成为推动企业发展的重要战略资源，在2015年11发布的十八届五中全会公报中，我国政府更是提出了"要实施国家大数据战略"，这标志着大数据上升至国家战略高度。大数据技术能够对数据资源进行高效整合及分析，发现海量离散数据背后的关联，分析顾客需求、预测市场发展态势、指导企业的运营管理，从而创造出巨大的价值。

大数据技术成为我国经济转型的重要推动力，为诸多行业的转型升级奠定了坚实基础，在创造巨大经济效益的同时，也通过减少资源浪费、环境污染、规范城市管理等方面创造出了巨大的社会效益。

以滴滴出行为例，数据无疑是滴滴建立核心竞争力的重要基础，从2012年正式运营至今，滴滴积累了海量的数据资源，出行路线、目的地、打车时间及频率、城市交通路况等，使滴滴能够为用户提供高效、便捷、低成本的优质出行服务。

无数次的实践案例告诉我们，在新的时代趋势面前，传统商业格局将会被打破，而联结供给与需求的零售业，和人们的社会生活存在密切关联，是社会资源流通的重要环节，对感知时代变化会更为敏感，也容易因此而发生重大变革，在消费升级、新消费群体崛起、"互联网+"、大数据等诸多的新时代趋势驱动下，零售业态将会被重构，新零售时代序幕已经悄然拉开。

对于实体零售店铺而言，无法对消费者行为进行有效收集、监控分析，无法开展精细化运营是他们面临的最大难题，但是电商能通过数据收集与分析精准地推送商品，利用大数据对用户的购买行为进行监测，从而对营销方案进行优化、完善。

但是，目前很多开展电商业务的线下零售商都没有打通线上、线下数据，

使得用户消费行为数据缺失，无法精准地建立用户画像。借助大数据，通过
供应链管控，这部分零售商能有效降低店铺运营成本，提升店铺运营效率，
同时提升产品质量。

步入新零售时代，传统商业格局将被打破，积极拥抱变革的创业者及企
业将会获得重大发展机遇。企业需要重视顾客体验，通过更多的优质服务创
造新的利润增长点，并吸引用户主动在社交媒体中进行口碑传播。

人、货、场三大要素将会被重构，自动化、智能化的先进设备将在其中
发挥十分关键的作用，原有的产业价值链会得到进一步裂变和发展，企业将
会获取更为多元、更大规模的数据资源，从而为更科学合理地展开行业运营
奠定坚实基础。

未来，在谷歌、百度等领先的科技企业中，将会打造出完善的大数据智
慧体系，全面覆盖数据搜集、处理、分析及应用等环节，为指导商业决策及
方案执行提供强有力的支撑。

对零售企业而言，需要对自身及产业链上下游合作伙伴的数据资产给予
高度重视，尤其是行业数据、运营数据、用户数据、供应商数据这类对零售
业态具有重要价值的数据资产，更要使其价值得到充分发挥。企业需要不断
整合数据资源，并灵活运用各种新技术与工具发掘数据资产的巨大潜在价值，
在为用户创造更多价值的同时，也为自身及社会创造价值。

▌精准营销：深度挖掘用户消费需求

◆大数据预测：构建精准用户画像

借助大数据技术，零售企业可以实施全触点数据采集，利用 LBS、二维
码扫描、物联网、传感技术、人工智能等先进技术，以及智能手机、可穿戴
设备等终端设备实时高效地搜集用户画像、用户交易及用户行为数据。与此
同时，积极利用微博、微信、贴吧、论坛、视频网站、电商平台、直播平台
等网络平台数据，进一步扩大数据规模及维度，最终形成完善的用户数据全
息图。

通过大数据技术对海量数据进行分析，从而预测消费需求，是大数据在零售领域的主流应用方向之一，大数据技术不但可以处理结构性数据，还可以处理非结构数据，结合智能算法、数模建模等技术，可以为商业决策提供强有力的数据支撑，帮助企业进行产品创新、业务流程优化、提升顾客满意度等，使数据资源的潜在价值得到充分发挥。

大数据预测的精准程度和数据的规模及维度有较高的关联，规模越大、维度越丰富，越有利于提高数据精准性。这种背景下，让消费者积极参与互动就显得尤为关键，这在为企业低成本地提供多元数据的同时，也能帮助企业根据消费者意见与建议，持续对产品及服务进行优化，提高库存周转率与顾客满意度，为自身创造更多的价值。

【案例】Target 超市：精准预测女顾客怀孕情况

Target（塔吉特百货）是美国第二大超市，该超市也是最先应用大数据的超市。

对于世界各地的零售商来说，孕妇都是拥有巨大消费潜力的顾客群体。Target 在运营的过程中发现孕妇购买孕期用品往往会到专门的孕妇商店，不会到 Target 超市购买。提及 Target，人们的第一印象往往是清洁用品、日常生活用品，而不是孕妇用品。为了改变这一局面，Target 购买了一个模型，在孕妇第二个妊娠期就对其予以确认。

在美国，婴儿的出生记录是公开的，孩子一旦顺利出生，母亲就会被各种广告包围。因此，零售企业要想尽早被新生儿母亲知晓，就必须在第二个妊娠期开始行动。所以，Target 构建了一个模型来确认进入第二个妊娠期的孕妇，以便市场营销部门能抢先向其推送相关的优惠广告，从而尽早抢占顾客资源。

为了对怀孕的顾客做出精准判断，Target 对公司迎婴聚会登记表中的顾客数据进行了建模分析，发现了很多有用的数据模型。比如，Target 通过建模分析发现，很多进入第二个妊娠期的孕妇会购买无香味的护手霜，在孕期20周左右会购买补充钙、镁、锌等元素的保健品。通过大量建模分析，最终，Target 选出了25种商品的消费数据来构建怀孕预测指数，凭借这个指数，

Target能几近准确地对顾客的怀孕情况做出判断，从而尽早地向其推送孕妇优惠广告。

为了避免顾客产生Target侵犯自己隐私权的感觉，Target将孕妇优惠广告夹在普通商品的优惠广告中一起推送给顾客。

以这个大数据模型为依据，Target重新制定了一套广告营销方案，使Target的孕期用品销量实现了大幅增长。之后，Target就将这种大数据分析技术从孕妇这种细分顾客群体推广到了其他细分顾客群体中，在使用大数据分析的8年间，Target的销售额增长了230亿美元。

◆定制化营销：用户获取、沉淀与转化

利用大数据技术帮助零售企业进行营销推广也有着广阔的发展前景。新零售时代，消费者购物消费时，不再是简单地从某种特定渠道购物，而是转变为全渠道购物，购物过程中会同时涉及线上线下多个渠道，比如，购买电视时，会在线上搜集产品的功能、价格、材质、评论等信息，然后去大型家电卖场或品牌专卖店购买；购买服装时，很多用户会去商场实际体验，然后再利用电商APP下单购买。

目前，淘宝、天猫、京东、亚马逊等电商平台都在积极运用大数据技术向目标群体进行定制营销。消费者在这些电商平台会留下包括搜索、收藏、购买、评论在内的诸多数据信息，而利用大数据技术对这些数据进行搜集与分析，可以针对消费者的个性化需求为之提供定制营销内容，帮助消费者快速高效地制定全渠道购买决策，为企业沉淀更多的忠实消费者。

对诸多传统零售企业来说，它们已经积累了海量的供应商及消费者交易数据，但因为缺乏互联网思维，没有像网络零售商一般将这些数据资源的价值充分释放，而大数据技术的崛起，则为解决这一问题提供了有效思路，传统零售企业可以通过大数据分析获取消费需求，开展更多的产品及服务创新，通过定制营销提高产品销量，激发用户情感共鸣，从而使用户在社交圈内主动帮助企业进行口碑传播。

◆精准投放：降低零售企业营销成本

在传统媒体时代，品牌商在电视、报纸、杂志等媒体中投放营销方案后，

很难对营销效果进行有效监测，而且由于广告位置与版面有限，品牌商之间的拼抢，也使这种营销模式需要付出较高的成本。而应用大数据技术后，零售企业可以实时监测自身投放在数字媒体中的广告，获得精准的投资回报率，从而帮助企业控制营销成本，找到最适合自己的营销解决方案。

得益于大数据技术的应用，营销将从广泛撒网式的粗放型投放转变为精准对接目标群体的精益型投放，零售企业可以借助第三方数据服务商建立营销管理平台，通过定制化的营销内容更好地激发目标顾客的购物欲望，提升顾客体验的同时，也能让自身获得更高的利润回报。

智能决策：提高经营管理的科学性

◆智能决策：提升零售企业运营效率

大数据技术让企业的决策与管理迈向新的高度，未来零售企业管理层制定战略决策时，应该充分搜集海量的相关数据，提高决策科学性与合理性，降低决策风险。它能够根据零售企业差异化的业务需求，提供个性化的大数据分析展示方案。

比如，针对购物中心这种大型零售业态，大数据分析展示系统将会整合线下卖场数据、线上社会媒体数据及第三方数据服务商数据，对购物中心运营管理所需要的分析指标进行全方位解读，有效提升购物中心的经营效率，并控制经营风险。

在管理决策方面，大数据展示系统将为零售企业的选址、卖场设计、品牌引进、招商方案制定、发展战略规划制定、设计营销方案、卖场日常经营监测等诸多方面创造巨大价值。

通过智能技术、仿真技术等新技术与信息系统，基于企业经营决策基本原理和方法建立场景模型，来模拟企业运营及管理，引入供应链流程中的随机因素及约束条件，让企业管理者能够了解经营决策可能会给企业发展带来的影响，从而帮助其科学决策。

目前，部分国际零售企业内部建立的大数据仿真实验室就是商业仿真辅助智能决策应用的典型代表，它能帮助企业制定针对不同地区、不同消费者群体的营销策略，帮助企业实现价值最大化，这对于企业在日益激烈的市场竞争中成功突围具有十分关键的影响。

◆ 精益管理：借助数据优化活动促销方案

促销活动尤其是节日促销活动目前已经成为零售企业提高产品销量及品牌影响力的重要手段。在零售商对自身的会员消费理念与购物习惯有了足够的认识后，又该怎样借助大数据来实现对促销活动的精益管理？针对个性化需求、实时监测营销效果，并对促销方案进行持续优化调整，是对促销活动进行精益管理应该遵循的三大原则。

为此，零售企业可以制订全年营销计划：首先，需要对目标会员进行精准定位，通过搜集并分析海量用户数据，找到购买意愿较高的会员群体；其次，设计落地机制，针对不同目标会员群体需求特性的差异，制订差异化的营销方案；再次，进行效果评估，对营销方案所产生的效果进行实时监测；最后，记录会员反应，根据会员的行为完善营销计划，进入下一个循环。

◆ 数据服务：为客户制定科学合理的决策

数据服务在未来有着广阔的发展前景，国际零售巨头亚马逊就投入了大量资金与人力，用以不断提升自身的数据服务能力，为入驻平台的品牌商及企业级客户提供丰富多元的数据服务。事实上，由于大数据技术及设备有较高的门槛，绝大多数的中小企业并不具备自建大数据设施的能力，更多的是与专业数据服务商合作，以较低的成本获取数据服务。

当然，为了提高数据服务水平，这些专业数据服务商通过和社交媒体、电商平台、金融机构等拥有各类数据资源的企业进行合作，建立立体化的目标顾客群体画像，从而帮助客户制定更为科学合理的战略决策。

以智能补货为例，通过智能补货服务，零售企业可以有效解决门店缺货、断货问题，提高库存周转率，为自身及上下游合作伙伴带来更高的利润回报。在开放、共享的移动互联网时代，随着越来越多的企业及机构开放数据资源，数据服务会变得更为精准、高效及低成本。

这并非要求每一个零售企业都去引进或培养大数据技术人才，购入相关的专业设备及软件，因为第三方专业数据服务商的数据服务租赁业务，将会

使缺乏资金与技术的中小零售商也能获取高质量的数据服务。在市场竞争更为激烈的新零售时代，善于灵活运用各种大数据智能服务将会成为企业取得领先优势的关键所在。

那些想要在激烈的市场竞争中取得成功的企业，需要充分认识到数据资源的作用及价值，转变自身的思维模式，将大数据应用提升至企业长期发展的战略高度，利用大数据智能应用为用户及合作伙伴创造更多的价值。

▌会员管理：创建客户关系管理体系

在用户需求主导的新消费时代，客户关系管理成为企业打造核心竞争力的重要组成部分。而会员制度是零售企业进行客户关系管理的有效方式，不过零售企业经营者应该明白的是，会员制度的目的并非是简单地获取用户数据，而是通过这些数据提高用户忠诚度，让企业能够更为高效地挖掘用户价值。

◆建立基于大数据的会员忠诚度管理体系

在便利店等零售业态中，忠实顾客和新会员的购买行为存在明显差异，而很多零售企业进行会员忠诚管理时，由于数据更新滞后、统计不完善等因素，导致新会员又很容易被忽视，但我们知道维护新会员是沉淀忠实顾客的重要基础。及时找到并维护新会员，对零售企业降低顾客流失率，提高门店复购率具有十分积极的影响。

当然，不同群体的活跃客户也就是忠实顾客对零售企业的价值也是有所不同的，他们在购买频率、客单价、需求品类等方面会有所差异，这需要营销人员能够对不同的顾客群体数据进行实时搜集与分析，并为之设计差异化的维护方案，使会员和企业建立良好的信任关系。

◆根据用户的个性化需求开展精准营销

对于各大运营商来说，根据用户喜好为其推荐各种业务或应用是常见之事，比如，应用商店会根据用户喜好为其推荐软件，IPTV 会根据用户喜好为其推荐视频节目等。而在各种智能分析算法（关联算法、情感分析、文本摘要抽取等）的帮助下，这种个性化精准推荐服务能被用作商用，帮商家开展精准化营销。

在日常生活中，人们经常收到一些"垃圾短信"，之所以称其为"垃圾"，是因为这些短信对收到短信之人来说毫无用处。在对用户的行为数据进行深度分析之后，商家就可以给需要这些信息的人发送短信，从而将短信的价值充分发挥出来。

日本的麦当劳就是如此，用户事先通过手机下载优惠券，然后前往麦当劳餐厅使用 DoCoMo 的手机钱包付款，享受优惠，之后麦当劳与运营商就能获取该用户的消费信息，比如，经常购买的汉堡类型，经常消费的店铺，消费频率等，根据这些信息，麦当劳就能为其精准地推送优惠券。

在分析会员群体及自身业务特性的前提下，基于大数据管理平台的数据分析建立的个性化营销系统，可以在场景体系触发营销后，帮助企业对消费者的购买力、兴趣爱好、价值主张等数据进行分析，从而开展满足用户个性化需求的精准会员营销。再加上智能手机、iPad、可穿戴设备等移动终端的快速推广普及，更是让零售企业实时、高效、低成本地将营销内容推送到用户手中，为其带来了诸多便利。

◆打通线上线下会员体系，实现渠道协同

根据用户群体特性，建立线上线下打通的会员体系，并利用一体化的供应链体系来规范商流、物流、信息流、资金流的统一管理。在会员体系建设方面，企业需要为会员建立电子信息档案，精准识别线上及线下用户，并基于会员体系高效精准地开展定位、监测及服务工作。而在供应链一体化打造方面，要对线上线下的商品、数据、交易进行统一管理，加强各渠道之间的协同配合。

对于零售企业而言，在搜集了足够的用户数据后，需要对这些离散、复杂、不规范的海量数据进行清洗、结构化及标准化，这样才能为会员需求分析、零售经营分析及个性化会员营销系统等提供强有力的数据支撑。

建立大数据管理平台时，零售企业需要充分考虑会员群体特性、自身的

经营状况与发展阶段，并为其积累足够的数据资源。在这个过程中，需要开展业务调研，建立类目体系、分业态建立标签体系。

其中，类目体系具体包括商品类目体系及其描述。而标签体系则是围绕消费者交易及行为特征建立而成，是对线上、线下资源进行高度整合的重要基础。

与此同时，还要进行数据调研，提高数据的质量与精度，从而更好地为顾客群体提供优质服务、为自身及合作伙伴的经营管理提供科学指导。此外，建立实时触发的场景体系也非常关键。场景体系背后的逻辑是，根据消费者的实时行为特征，分析其当前的需求心理、购物欲望等，从而让零售企业能够为之提供定制化的营销内容。

场景体系也是个性化营销系统得以真正落地的关键所在，很多场景并不适合开展营销推广，在不适合的场景中向用户推广营销内容只会让用户对产品及品牌产生抵触心理，而通过实时触发的场景体系，可以让企业精准把握营销时机，通过个性化的营销内容引发用户情感共鸣，刺激冲动消费，甚至促使其主动进行口碑传播。

▎O2O整合：打造零售闭环生态系统

在互联网企业尤其是以技术见长的百度、阿里、谷歌、亚马逊等探索者的积极努力下，大数据爆发出了惊人能量，再加上我国政府将大数据上升为国家战略，更是给大数据在各行业的应用及发展提供了巨大推力。

毋庸置疑的是，渠道选择对零售企业的经营业绩有着直接影响。此前，电子商务的崛起，使传统渠道垄断被打破，零售企业有了更为丰富多元的选择。然而信息过载背景下，企业想要把控消费需求及市场趋势的难度大幅增长，而大数据的快速发展及应用，无疑为企业实现对线上和线下零售的整合分析，并取得更好的经营业绩提供了有效方式。

实现线上与线下相结合的新零售，必须要充分借助大数据技术提供的强有力支撑，通过运用大数据技术，可以让企业更好地对线上线下数据资源进行整

合，充分释放数据资源的潜在价值，并通过描绘立体化的用户画像，指导企业
开展产品定制生产及营销，帮助管理层制定更为科学合理的战略决策等。

通过跨平台的数据整合，企业可以实时精准地了解市场态势、自身及竞
争对手的经营状况，各渠道、区域的产品销售情况，门店经营效率及水平，
库存状况及营销方案的实施效果等。这无疑为企业制定更为科学合理的战略
规划，摆脱同质化竞争与价格战泥潭带来十分积极的影响。

大数据能够帮助企业对零售市场格局进行分析，并对其动态变化进行实
时监测。在不断涌现的诸多线上渠道面前，零售企业很容易陷入选择困难，
而对各平台的数据进行高度整合，利用多维度数据立体化地描绘用户群体画
像，将促使零售企业能够更好地掌握市场发展潮流，对未来一段时间内的消
费情况进行预测，让企业能够建立起强大的外部竞争力。

目前，发展零售O2O，得到了零售从业者的广泛认可，但在实践过程中，
对于零售O2O如何落地，很多创业者及企业未能找到行之有效的发展路径，
实体零售商仅是简单地将线下商品转移到线上，电商企业则是自建线下门店
或者与实体店合作，不但未能取得预期效果，而且造成了严重的资源浪费。

从实践来看，O2O模式需要对线上线下数据整合，强化数据发掘及处理
能力，并搭建一个覆盖线上线下交易、体验及反馈的综合服务中心，为企业
充分满足消费者的个性化需求奠定坚实基础。

虽然也有部分零售企业意识到了发展零售O2O必须进行线上线下的一体
化运营，但因为数据资源缺乏、技术限制等因素，导致无法打通线上线下的
库存及顾客数据，从而难以真正建立完善的闭环生态系统。

企业布局：有效实现大数据的价值

自进入大数据时代以来，大数据的价值逐渐显现，吸引了很多零售企
业关注，这些零售企业采用各种方法对自己积累的数据进行了分析与预测。
但是，理想与现实之间始终存在一定的差距，对于具体的销售业务来说更
是如此。

大数据能为零售业带来的好处已众所周知，但将大数据与零售业相结合却会出现"水土不服"等问题，所以，在引入、应用大数据方面，很多零售企业都非常谨慎。

对于零售企业来说，大数据最大的价值在于将零售策略与大数据技术相结合，制定前瞻性零售策略，为销售计划的顺利实现提供有效保障。大数据有以下四大特点，简称四个"V"：

★ Volume：数据体量大。

★ Variety：数据类型比较复杂，有结构性数据，也有非结构性数据。

★ Value：数据的价值密度比较低。

★ Velocity：数据更新与处理的速度比较快。

以大数据的这些特性为依据，在业务数据产生的同时采取相应的对策，能让企业获得更多时间与空间来调整市场营销策略。这种情况与江河的洪峰预警非常相似，为了保证下游能更好地对洪峰做出预警，必须先了解上游的情况。数据只有如此应用才能拥有直接的业务价值。举个例子来看，一家开展线上业务的实体零售企业，为了保证商品能在 15 分钟的促销时间内被顺利卖出，往往要准备三套促销方案。

实体商业领域关于数据与营销的案例比较多，其中美国沃尔玛超市将啤酒与尿布陈列在一起销售是最早的将数据用于营销的案例。因为沃尔玛超市通过数据分析发现，妈妈带孩子无暇购物，在这种情况下，她们就会叮嘱丈夫在下班途中购买尿布，而丈夫在购买尿布的同时往往会顺便为自己买上一些啤酒。

在发现啤酒与尿布的销量呈正相关关系之后，沃尔玛就将这两种看似毫不相干的商品摆放到了一起，使这两种商品的销量均得以大幅提升。沃尔玛的这个发现催生了一个新的商品组合。但是，在实际营销的过程中，即便很多零售企业都知道这个案例，也很难发现类似的商品组合。因此，对于零售企业来说，大数据最大的价值就是帮商家设计零售策略，这也是大数据能直接为零售企业提供支持的方面。

那么，零售企业应该如何有效实现大数据的商业价值呢？

（1）企业的领导者必须重视大数据的应用与发展，必须关注企业大数据中心的构建，提升对收集客户数据的重视，将其视为企业运营的第一要务。

（2）企业要加强对内部员工的培训，从硬件与软件两方面出发构建数据收集机制；企业还要根据业务需求明确要收集的数据。

（3）企业要根据现有的数据基础和未来的数据发展方向，构建能实现前三项目标的基础建设方案。

要想完成上述工作目标，企业必须在该领域投入巨资，而且还要构建一支专业的信息化队伍，而中小微型零售企业显然难以做到这一点。

大中型零售企业的业务已比较稳定，也已积累了一定的资金，能承担大数据业务开展所需成本。而中小微信企业处在发展阶段，资金实力比较薄弱，无法像大中型企业一样在大数据领域源源不断地投入资金。但这并不代表中小零售企业没有机会进入大数据领域。

随着 IT 技术的发展，企业在进入大数据领域获得了均等的机会。受成本、能力、精力等因素的影响，中小微型企业无法构建一套独属于自己的大数据 IT 系统，但这类企业却可以将 IT 建设外包给服务商，自己全身心地投入商圈开发。

目前，面向传统零售企业的需求，一些 IT 软件开发运营商也已推出了云服务基础平台，在该平台上，小企业只需对自己的发展目标与步骤进行规划，按需付费，无须在初始阶段投入过多资金，也无须投入过多运行成本。

▌实践案例：ZARA的大数据运营策略

◆分析顾客需求

ZARA 店铺中安装了很多摄像机，这些摄像机遍布柜台及门店各个角落，并且店铺经理随身携带 PDA，以随时记录顾客对衣服、店铺的意见，比如，顾客喜欢什么样的图案，喜欢何种大小的扣子，喜欢什么款式的拉链等。如果店员获取了顾客的这些意见会及时向经理汇报，经理会将这些意见传送到

ZARA 内部的全球咨询网络中，进而这些意见会被传递给 ZARA 总部的产品设计人员，设计人员会据此提出新的设计方案，总部做出决策之后，这些设计方案会立即被传送到生产线进行生产。

一天营业结束之后，销售人员会对当天的账目进行总结，对当天货物的上下架情况进行统计，对商品的购买率与退货率进行分析。之后再根据柜台的现金资料让交易系统生成当天的成交分析报告，找到当天的热销产品，之后将数据直接传送到 ZARA 的仓储系统。

收集顾客的意见与建议，以其为依据做出生产销售决策，能使商品的存货率大幅下降。同时，以电话、电脑中的数据为依据，ZARA 能对区域流行做出精准分析，从颜色、板型两方面塑造与客户需求最接近的市场区隔。

◆ 结合线上店铺的数据

2010 年，六个欧洲国家的 ZARA 店铺同时推出了网络商店，将海量网络数据串联在了一起。2011 年，美国、日本的 ZARA 店铺推出网络平台，该网络平台不仅增加了店铺营收，还强化了双向搜索引擎、资料分析等功能，不仅可以收集顾客意见反馈给生产端，帮决策者对目标市场进行精准定位，还能为消费者提供精准的时尚信息，共同享受大数据带来的好处。有分析师称，网络店铺的推出至少为 ZARA 带来了 10% 的营收。

除此之外，除了方便交易，线上商店还能在产品上市之前开展试营销。一般情况下，在产品正式上市之前，ZARA 会先在网上开展消费者意见调查，收集消费者意见，对产品进行调整改善，然后再正式发行。

ZARA 将网络资料视为实体店铺的实测指标，是因为通过互联网搜索时尚资讯的人都比较喜欢服装，掌握着最新的时尚资讯，具有创造、引领潮流的能力。并且，通过互联网率先获取 ZARA 资讯的消费者进店消费的概率比普通消费者要高很多。

ZARA 搜集到的海量顾客数据不仅用于生产端，还被英德斯集团的客服中心、生产线、设计团队、行销部门、通路等部门所用。以这些数据为依据形成了各部门关键绩效指标，推动 ZARA 内部的垂直整合工作得以有效实现。

ZARA 整合海量资料的这一举措被英德斯集团下属其他八个品牌所借鉴。由此可见，未来，时尚圈的竞争不仅会聚焦在台上的设计能力方面，台下的数据与资讯领域会逐渐成为竞争焦点。

◆**对数据快速处理、修正、执行**

ZARA 利用大数据改善产品生产这一行为引起了 H&M 的关注，H&M 一直想向 ZARA 学习却始终不得其法，不见成效，并且与 ZARA 的差距越来越大。导致该现象产生的主要原因就是：大数据最大的价值就是缩短生产时间，让生产端能根据顾客的意见及时做出调整。为此，大数据会为其提供大量的资讯，而 H&M 的内部管理流程却无法支撑这些资讯。在 H&M 的供应链中，产品从打板到出货需要耗时 3 个月，而 ZARA 只需 2 周。

因为 H&M 与 ZARA 不同，ZARA 接近一半的生产活动都在国内进行，而 H&M 的产地却遍布亚洲、中南美洲。相较于国内沟通来说，跨国沟通所需时间较长，从而使生产的时间成本得以大幅提升。在这种情况下，即便大数据能在当天将各区域顾客的意见反映出来，生产端也无法立即做出调整，使得资讯与生产分离，使 H&M 的大数据系统功能受限。

而资讯与决策系统的紧密结合是大数据成功应用的关键，只有如此，企业才能对消费者需求做出快速响应，才能立即执行决策方案。

Part 5

新 零 售 时 代：

新零售时代的实体零售转型实战

第13章　新实战：新零售环境下的实体零售转型与创新

▎坚持商品为王，创新零售业态

提及新零售，人们率先想到的就是O2O、全渠道、会员店等新的零售形态，当然也有人会想到盒马鲜生、银泰工厂店、百盛优客等新兴的店铺。在新零售领域，这些都是非常有益的探索，但其主流方向还应是传统百货、超市、购物中心的现代化改造。因为只有这些主流的零售业态与经济发展新常态、市场经济新变化、消费新格局相适应，完成互联网化、家庭化、体验化、个性化、年轻化转型，使多元化的消费需求得到充分满足，才能成为真正的"新"零售。

社会在飞速发展变化，零售企业要想实现持续稳定的发展就必须紧跟社会发展步伐做出改变。但在现实生活中，故步自封、坐等倒闭的零售企业不胜枚举，甚至有些曾创造了销售奇迹零售企业，现如今也只能供人们缅怀。

零售业要为生活、为群众服务，而生活、群众需求是不断变化的。如果零售业不善于创新，不积极改变，就会脱离生活与群众，难以实现长期、稳定的发展。为此，零售业必须积极创新，推动新零售落地实现。

◆坚持商品为王

无论"去零售化"的呼声有多高，"去零售化"也只是一种倾向，零售业绝不可能脱离商品。对于零售业来说，商品永远是其主要内容，商品力永远是其核心竞争力，只不过热销商品与消费热点一样总在变化。

比如，前几年，奢侈品备受关注，发展势头强劲；后来，轻奢品开始备受青睐；再之后快时尚产品开始流行，近年来，运动产品开始走红。但现在的运动产品与过去的运动产品有很大不同，现在大热的运动产品表现出了鲜明的智能化、时尚化的特点。

即便是生活必需品，人们对其需求也发生了很大的变化。受各种健康生活理念的影响，过去备受追捧的果冻、碳酸饮料、反季节食品越来越不受欢迎，鲜榨果汁、酸奶、自然生长的蔬菜、手工现做的食品却广受欢迎。

过去，人们在购物的过程中非常看重商品价格，追求高性价比的商品；现如今，人们开始关注商品质量、服务及其带来的消费体验，机器人、无人机等新出现的高科技产品备受人们喜爱，原创产品、文创品牌、手工艺品也广受欢迎。

顺应人们消费理念的变化，零售企业将关注重点从商品销售转向了为消费者提供服务、引领生活方式方面。但无论是提供服务还是引领生活方式，都必须以商品为依托，而提供的服务的质量，引领的生活方式的新旧则与商品创新密不可分。

所以，新零售的第一要务就是持续引进新商品，这些商品既要与新零售的消费趋势、变革方向相契合，与主流消费群体消费需求的变化相符，又要有一定的前瞻性、引领性。

◆创新零售业态

现如今，在零售领域，体验业态备受关注，购物中心、百货店、超市纷纷引入这种业态，聚焦吃喝玩乐，布局餐饮游乐，提供生鲜加工服务等，都是希望能借此增加客流与营收，化解电商带来的冲击。事实证明，这确实是传统零售企业突破困境、实现转型发展的有效途径。

近年来，百货店这种零售业态逐渐被购物中心取代，百货店的销售业绩不断下滑，购物中心的发展势头异常强劲，尤其是在餐饮、娱乐等领域，百货店远远无法与购物中心相较。随着随机购物趋势越发明显，商业从购物目的朝体验目的转移，体验业态的魅力充分显现了出来。但体验业态的引进不是一朝一夕之事，还需与时俱进，坚持创新。具体来看，体验业态的创新要做好以下两件事：

（1）引进新业态。以购物中心为例，过去，购物中心的体验业态只有餐饮、儿童乐园、电影院等，现如今，购物中心引进了儿童医院、宠物乐园、月子中心等新业态。近年来，购物中心、商场超市、百货商店等零售业态的商品经营面积不断缩减，引入新的零售业态，零售业态创新是一个非常重要的趋势。

（2）既有业态的改造升级。随着涉及餐饮业务的实体店越来越多，导致该领域出现了严重的同质化现象，如果企业不形成差异化竞争优势，就很有可能陷入价格战。在这种情况下，餐饮行业表现出了明显的零食化、小吃化、甜品化趋势，餐饮市场开始不断细分。

儿童游乐也是如此，表现出了明显的垂直化、细分化趋势，有的聚焦学龄前儿童，有的聚焦小学生、青少年等消费群体，表现出了明显的差异化、特色化、专业化的特点，为业态创新提供了一条新路径。

业态创新要想取得更好的效果，必须秉持"人无我有、人有我优、人优我新"的原则，只有如此，才能将业态的聚客力、话题性、连带力充分发挥出来。

▎创新店铺环境，营造体验氛围

"颜值"在零售业领域也非常重要，那些人气高、销量高的实体店的"颜值"都普遍较高。在当今的市场环境下，一成不变的老面孔很难吸引消费者注意。因此，新零售不仅要创新商品结构，还要创新店铺环境与氛围。

店铺环境创新可从三个方面实现，一是装修改造；二是氛围营造；三是创新陈列。

◆ 装修改造

在零售业创新方面，装修改造是一项非常重要的内容。近年来，很多大型零售企业都对自己的门店进行了大规模的装修改造，并为此付出了高昂的代价，以国美为例，为了对各门店进行改造升级，国美有半年的时间陷入了严重亏损。

当然，为了做好装修改造，企业必须投入一定的资金，但很少有企业因为装修改造花费太高而倒闭，那些倒闭的企业多是一成不变，对消费者失去吸引力的企业。

◆ **创新陈列**

创新陈列包含的内容非常丰富，比如柜台、货架等设备的换新升级，品类搭配、品种组合、商品展示的创新等。一般情况下，创新陈列要与经营调整相结合。

◆ **营造氛围**

短期内，店铺氛围的营造很难见成效，需要长期的、频繁地营销店铺氛围，从视、听、嗅、触、感五觉出发美化店铺形象，营造店铺氛围。

如果零售店铺不及时创新环境，或者不创新环境，就会使顾客审美疲劳，无法有效地吸引顾客注意；但如果在店铺创新方面投入太多人力、物力、财力，又会加重企业负担。因此，店铺创新必须根据企业的实际情况量力而行。

比如，某超市斥巨资进口了一系列高端设备，创新了店铺环境，但收效甚微。不仅客流量没有增长，商品销量与销售额没有提升，而且很多设备都变成了无效投入，给企业造成了巨大的压力。

事实上，店铺环境的创新与氛围的营造并不是投入越多效果越好，店铺要根据自己的实际情况制定科学的策略。比如，某购物中心为了营造一种生机勃勃的氛围，引入了油菜花、麦田等事物，不仅投入不大，效果还很好。

注重技术应用，变革经营模式

◆ **注重技术应用**

有人说新零售不要盲目地追求新技术，这种说法没错，但对于新零售来说，新技术却非常重要。因为新技术是新零售的支撑，如果没有新技术，新零售就难以存在。

新零售崛起的风口下，实体店需要积极借助新技术与新工具，借鉴电商企业的成功经验，实现经营管理的精细化、业务流程的数据化等，让顾客能够快速、方便地购买到符合自己个性化需求的产品及服务，并通过为之提供优质购物体验，促使他们在社交圈中主动进行口碑传播。

应用大数据技术，是实现实体店转型升级的重要保障，此前，在实体店的经营管理中，虽然积累了大量的数据资源，但管理者仅是简单地对销售数据进行浅层次的分析及应用，未能让单品、库存、价格、顾客评论等数据资源的价值得到充分发挥，而应用大数据技术对这些数据进行处理及分析后，将为实体店的经营管理提供强有力支撑，帮助管理层制定更为科学合理的战略决策。

零售领域的新技术大致可以分为两种：

第一，让服务更加便捷，提升消费体验的技术，比如，移动支付、电子价签、智能停车、智能试衣、AR 或 VR 体验等。对于新零售来说，这些技术缺一不可，否则就会使消费者的消费体验深受不良影响。

第二，提升企业经营管理效率，推动供应链转型升级，开展精细化管理的技术，比如移动办公信息化、大数据等。失去这些技术的支持，企业就难以适应当下的竞争形势。

过去，零售业当属劳动密集型行业，现如今，零售业正在朝技术密集型行业转变。对于零售业来说，技术发挥的作用越来越重要，苏宁、国美等传统企业的转型发展离不开新技术，盒马鲜生、顺丰嘿客等新零售业态的兴起也始于新技术。因此，零售企业要聚焦新技术、新设备、新材料，积极引入新技术，以在该领域取得领先优势，以在激烈的市场竞争中获胜。

◆ **变革经营模式**

近几年，很多传统实体零售企业都陷入了生存困境，生存空间越来越小，百货商场和超市两种零售业态表现得尤为明显。这种情况是商业地产无节制的发展造成的，商业地产面积的增量远远高于市场需求的增长，导致商业领域出现了产能过剩现象。

至于该现象产生的内因很有可能是因为联营主导的经营模式存在很大的局限，当然，联营这种经营模式并不落后，但在实际使用的过程中，很多企业的联营模式都发生了变异，联营企业之间推卸责任、抢占成果，过于注重

收费与保底，最终导致企业脱离市场、远离顾客、忽略商品，使企业运营与
商业本质相悖，难以应对变化迅速、竞争激烈的市场环境。

相比较而言，永辉超市、银泰仙商、胖东来等零售企业受市场变化的影
响就比较小，面对多变的、竞争激烈的市场环境，这些零售企业能游刃有余
地予以应对。

新零售对模式的创新主要包括以下两大内容：

（1）对联营模式进行优化、改革，使其贴近市场，深入了解消费者需
求，让零售企业承担更多风险与责任，真正地深入市场应对市场变化与企
业竞争。

（2）在直采自营、联合采购、自有品牌、定制报销等模式上积极探索。
目前，零售领域出现了很多新型的经营模式，比如工厂店直销、跨境采买、
买手制等，这些经营模式都值得传统零售企业学习、借鉴。

比如，安徽的乐城超市就在全世界范围内寻找优质商品，朝自营、自有
方向大步迈进；武汉中百的全球商品直销中心就吸收借鉴了阿尔迪、好市多
等企业的优点，提升了自己的运营效益；上海的百盛优客创造了差异化直营
模式，将客流量提升了 8 倍，将销售额提升了 3 倍等。传统实体零售企业的
这一系列尝试不仅使零售市场得到了极大的丰富，也为零售企业模式的创新
提供了有益借鉴。

此外，在经营观念上，实体零售企业需要从"渠道思维"转变为"用户
思维"。虽然很多零售实体店将"顾客就是上帝"作为自己的口号，并在门店
内张贴着各种为顾客服务的标语，但在经营实践中，根本不能将其落地，很
少会去考虑用户的真正需求，近几年，受到宏观经济不景气等因素的影响，
实体零售企业经营业绩持续下滑，企业管理者被迫实施转型，但经营观念却
未能及时转变。

同质化竞争与价格战，让实体零售企业苦不堪言，再加上去除中间环节
的电商在成本方面具有先天优势，进一步加剧了实体零售的窘境。为了破局
突围，实体零售企业必须要从商品本位思维转变为用户本位思维，把握动态
变化的消费需求，让用户的个性化需求得到充分满足。

近几年，强调极奢文化的成都太古里，建立潮流、时尚、性感的生活购

物中心的上海大悦城，"价实质优，玩购一体"的综合型品牌生活俱乐部百盛优客城市中心等实现快速崛起的零售业态创新者，无一不在充分满足消费群体的个性化需求。新零售环境下，实体店的变革要围绕用户展开，只有充分满足用户需求，才能在激烈的市场竞争中生存下来并不断发展壮大。

开展精细管理，创新营销手段

◆ 开展精细管理

管理粗放、低效是导致零售企业陷入发展困境的主要原因。

在零售企业发展的黄金时代，大多数企业都热衷于拓展企业规模，不重视精细管理。现如今，很多零售企业都认识到了精细管理的重要性，却不知要如何推行精细化管理。因此，面对电商的冲击，很多零售企业的利润都出现了大幅下降。

虽然经济下行、零售市场不景气是实情，但经济在保持中速增长，市场需求在不断拓展也是事实。按照一般规律，零售企业也应处在增长状态，其业绩不应呈现全面下滑之势。但事实上，很多零售企业的客流与销售额都大幅下降，企业陷入了生存困境，这说明零售企业在管理方面存在很严重的问题。

为了解决这一问题，零售企业必须开展精细管理，对企业运营成本进行有效控制，否则企业就会表现得非常焦虑、无所适从。如果零售企业能有效地降低运营成本与运营费用，提升商品的周转速度与效率，减少各种损失与损耗，面对市场变化与电商冲击，企业就不会受到如此严重的影响，其业绩不会下滑，更不会亏损。

很多实体店经营者仅是对供应商提出了一系列限制条件，而不给予销售数据、库存优化等方面的服务支持，而且对服务顾客也缺乏足够的重视，更不用说给顾客带来良好的购物体验。

那些经过多年发展的传统零售巨头们，更不愿意主动对管理方式进行改变，在它们看来，凭借现有的体量与规模，后来者很难撼动自己的地位，然而在投融资机构的巨额资本加持下，一个个跨界而来的颠覆者让这些传统零售巨头的美梦变得支离破碎。

当然，也有一些积极拥抱变化的实体零售商在转变管理方式，完善品牌组合、提供人性化服务、优化购物环境等，给顾客创造优质的购物体验，从而快速沉淀了一批忠实消费者。

当然，精细管理、成本控制不是一味地减少开支、压缩成本，降低员工薪酬与服务水平等做法都不可取。虽然近几年人工成本在不断增长，但企业应该想方设法地激发员工潜能，提升人效来控制成本，而不是一味地减少员工薪资，尤其不能降低服务水平与商品质量，以免造成严重后果。

当然，零售企业要想激发员工潜能，提升人效，还应做好管理，从体制机制、机构设置、流程体系等方面着手推行高效的、精细化的管理。

◆ **创新营销手段**

近几年，零售业的营销难度越来越大，零售企业即便拥有良好的营销环境，优质的商品，合理的价格，也不一定就能开展一场成功的营销活动。要想开展一场成功的营销，营销人员还应会玩，能与顾客建立密切的联系，会讲故事，能聚焦消费热点，紧抓流行话题，引发消费者共鸣，只有这样才能吸引消费者关注，会聚消费者。

但是，现如今，能创新营销手段且取得相应效果的企业实在太少，很多零售企业仍在使用传统的营销策略，比如打折、买赠、满减、送礼、抽奖等，不仅牺牲了自己的利润，还无法成功地吸引、会聚消费者。

零售企业的营销活动还与商品价格密切相关，企业要推行何种价格策略却大有学问。企业推行的价格策略应与合适的活动、包装宣传、氛围营造联系在一起，恰到好处，从而将价格的吸引力充分展现出来。

比如，天猫自建直播平台，京东与今日头条联手推出"京东计划"，都属于软渗透而非硬推广。

一场优秀的营销活动不应过多过滥，以免让受众审美疲劳，使资源投放效率大幅下降。以淘宝的"双 11"活动为例，如果"双 11"活动不是一年一次，而是一个月一次，其效果就要差很多。零售企业要创新营销方式，就必须组建一支会玩的队伍，队伍成员的生理年龄要小，心态要保持年轻，从而

激发消费者的消费动机，毕竟一本正经的销售人员很难受到消费者的喜爱。

▌搭建新型合作，拓展全新领域

◆搭建新型合作

新零售还要创新合作方式。过去，在传统的市场环境中，零售商占据主导地位非常强势，供应商的利益无法得到有效保障。很多商超、购物中心及百货商场等实体零售运营方仍在沿用传统的思维模式，以压榨供应商的方式赚取利润，而电商的崛起导致渠道垄断被打破，很多供应商开始和电商企业合作，甚至自建销售体系，从而给实体零售企业带来了强烈冲击，引发了大规模的关店热潮。

在互联网浪潮的冲击下，零售商与供应商之间的地位有所改变，品牌商拥有的选择渠道越来越多，零售商的增长陷入了困境，对于品牌商来说，单个零售商早已没有过去那么重要。在这种情况下，很多新商业项目都陷入了招商困境，为此，很多零售企业都做出了相应的调整，却依然难以筹集到合适的品牌资源。

当然，无论品牌商与零售商的地位如何，都是市场供需失衡的一种表现，没有对错之分。因此，在零售商主导的市场环境下，零售商收取通道费是正常的。同理，在品牌商主导的市场环境下，品牌商收取装补费、反保底也属于正常行为。需要注意的一点是，品牌商与零售商无论采取何种措施，都必须认清形势，与市场环境变化相适应。

新零售环境下，实体零售企业应该积极转变战略思维，和供应商建立合作、共赢的命运共同体关系，强化自身的供应链管理能力，从而应对激烈的市场竞争。在市场竞争日趋白热化的产能严重过剩时代，单打独斗的个人英雄主义已经很难让企业成功，更多的是需要和产业链上下游企业合作，整合多方优质资源，从而建立较高的竞争门槛。

实体店经营者需要建立以经营为中心的自营思维，和供应商共同开展商品研发生产、库存、营销、定价、交易及配送等诸多环节的管理工作，共同为用户提供优质产品及极致服务，从而实现多方合作共赢。当然，这需要实体零售企业和合作伙伴建立公平、合理的利益分享机制，充分激发各方创造价值积极性，打造完善的闭环零售生态系统，确保各方能够持续稳定健康发展。

零售商与供应商要建立新型合作关系，关键要做好三件事：

第一，对供应商予以充分尊重，保证供应商的利益，减少对供应商的收费，不将对供应商收费视为主要利润来源。

第二，零售商要端正对零售的认识，充分认识到零售就是服务，在前端为消费者服务，在后端为供应商服务，转变联营方式，帮供应商提升运营业绩，全面减少供应商的亏损。

第三，跳出现有格局，在全领域寻找新的合作伙伴，全面创新零售商与供应商之间的关系，激发"鲇鱼效应"。

零售商需要注意的一点是，现阶段，零售商与供应商之间的关系已发生显著变化，如果不在两者之间构建新的合作关系，两者之间的合作随时都有可能被打破。

◆拓展全新领域

现如今，线下实体零售业的发展已进入关键阶段，其表现为：竞争异常激烈，海量客流被线上分走，客流增长困难，地租成本、人工成本却没有下降趋势，盈利空间越来越小，盈利越来越难。

在这种情况下，为了突破困境，化解运营风险，零售企业开始朝新领域延伸、拓展。比如，雅戈尔开始投身房地产、投资理财等领域；万达开始发展文化旅游、互联网金融等业务；沃尔玛进入了房地产领域；武汉中百开始经营便利店，并创建了全球商品直销中心。当然，还有很多商业零售企业开始朝医疗、旅游、养老、运动、健康等领域延伸，也有很多服装零售企业开始投身于美妆行业。

虽然上述很多尝试都以失败而告终，但在当今形势下，以新领域的拓展延伸来化解经营风险，为零售业务的转型准备好充足的人力、物力，开展有益尝试，却是零售企业应做之事，应尽之责。

新零售不是凭空产生的一种新事物，它是对传统零售业态传承、创新、

发展的结果，是一个既有前瞻性又非常接地气的行业。

一种零售业态能否称之为新零售，关键在于其能否对传统零售业态进行颠覆，尤其是理念、观念层面上的颠覆。新零售的新在于能够适应市场变化，紧跟市场需求，真正满足消费者的需求，带给消费者轻松、愉悦的消费体验，而不是创造一种新概念、新理论。

世界上的万事万物都是实时变化的，因此零售每天都应是新的，这种"新"应该能被直接看到、感受到。未来，每一家零售企业都应被称为新零售，因为在那种环境下，只有新零售才能存活、发展。

第14章 国美：坚持实体零售，推进O2O融合

重视门店业务，坚持线下布局

从 2014 年 9 月开始，有 40 多家世纪联华超市的外立面上开始出现了永乐生活电器的 Logo，国美将使用"永乐"和"国美"两个品牌，在上海以及周边地区的世纪联华超市中开实体店。不过国美在进驻上海联华超市之前，已经在广州摩登百货、北京物美、浙江联华以及武汉国贸等商家拥有了 80 多家实体门店。

互联网的广泛应用使得网络购物逐渐成为一种潮流，从而促进了电子商务的发展和兴盛，各个企业也正在加快电商化的步伐，发展电子商务将会成为推动国美实现质的飞跃的重要突破口。然而当竞争对手们正在紧锣密鼓地开展网络布局的时候，国美却在悄无声息中开展线下门店业务。

零售企业以线下门店为发展基础，转型阶段的关键是线下门店的深耕，吸引更多的客源，实现营收和盈利方面的增长，利用好线下门店的特色，为客户提供产品体验。线下门店的收入是国美和竞争对手营收的主要组成部分，在国美竞品中这个比重达 16 个百分点，国美的线下收入比重应该更高。

所以说，线下门店的转型是企业转型的重点。虽然电商造成的冲击很大，但是线下零售依然掌握着四分之三的市场份额。实体零售企业需要看清局势，不能因为遇到危机而陷入恐慌。

在笔者看来，线下实体店永远不会过时，电商的冲击再大，实体店也不

会失去发展空间。没有人能够通过互联网完成所有的消费活动。随着电商的发展，网购成为人们消费的一种方式，但有的商品还需要在实体店购买，两种方式相结合成为人们消费的普遍形式。面对电商的竞争，线下门店要运用好自身的优势，通过为消费者提供周到的服务和产品体验来提高竞争力。

在过去，苏宁、国美等传统的家电企业通过广开门店的方式在短时间内占据了一定的市场份额，但是由于门店的重复率高、门店房租不断上升以及人力成本升高等原因导致了很多门店不能收回成本或者达不到预期的收益，同时各领域内的门店竞争也异常激烈。

随着电子商务的兴起和发展，传统的家电格局受到了冲击，在这种情况之下，国美和苏宁两大家电企业为了维持其在家电行业的地位纷纷开始对线下门店的网络布局进行调整。门店数量已经不是决定企业成败的关键性因素。而当其他企业正在电子商务领域全面发力的时候，国美却再次将精力集中在了线下，造成了行业内竞争对手的紧张和恐慌。

虽然电子商务已成潮流，但是对于零售业来说，最重要的还是渠道，因此国美将自己定位为全渠道零售商，开设线下门店，扩大线下布局仍然是国美的基本战略。

与其竞争对手的同步转型模式不同，国美先聚焦线下门店的转型，在对待线上业务态度更加审慎。最终，国美在线下和线上的业务都取得明显的发展，而其竞争对手无论是线上还是线下的业绩都有所跌落，这样的事实确实给了我们一些启示。

国美并没有向其他商家一样随大流，即使电商日渐旺盛，国美还是以发展好线下业务为基础。这并不是说国美忽视了与网络平台的结合，国美将库巴网纳入囊中，并在 2014 年 9 月 3 日正式公布要开放网络平台的计划。

利用先进的技术加强对产品的管理，然后着手发展线下实体店；完善物流环节，建设完整的产业链，然后建设网络平台，这和沃尔玛的发展模式有类似之处，沃尔玛具有完善的管理系统和成熟的物流供应，也正是这两个优势让其在激烈的竞争中立于不败之地。

在供应链协同方面，国美将在新的一年里继续深化落实"O2M 全渠道零售商"战略，逐渐形成全产业链协同的 3C 发展模式，进一步增强国美在产品定制、团队打造以及最新潮流趋势研究方面的优势。

随着大数据时代的到来，供应链协同将进入一个新的发展阶段，利用其拥有的大数据库系统，为厂商挖掘和分析用户的需求提供必要的帮助和支持，从而让产品更能满足用户的需求，提高产品在市场上的份额。所以，零售企业应该以审慎的态度对待电商的涉足，要分清主次，在发展线上业务之前要建设自己的信息管理体系，提高实体店的盈利能力。

▌坚持主营业务，稳健推进转型

电商的兴起对零售业造成了冲击，一些商家想拓宽自己的业务范围来缓解这种状况。但跨界经营的前提是主营业务的良好运转，否则，只能是舍本逐末，雪上加霜。一些商家误以为换一个领域就能缓解当前的竞争压力，事实上，除非是已经形成垄断的领域，其他领域都呈现出饱和状态，并非想象中那么简单。

国美在主营业务方面做得很好，尽管电器在电商的冲击下发展很困难，但国美仍然没有放弃电器行业，事实证明，这一做法是正确的。对从事零售业务的商家来说，越是遇到危机，越应当把握好主营业务，因为主营业务始终是企业发展的基础，不能轻易动摇。

转型是所有的企业都要经历的阶段，若想在激烈的竞争中不被淘汰，就要及时把握机会，进行转型。不过转型是一个复杂而漫长的过程，要根据市场具体情况不断调整，在具体的操作中要时时关注消费者的需求以科学的进度朝着既定的目标发展。

转型对于大型企业来说并不容易，国美的门店超过 1500 家，员工数量有十几万，如此大的规模，要想成功转型，需要在企业文化、系统机制、运行模式等方面下功夫，其艰难程度可想而知。要慎重把握转型的进度，不然很可能得不偿失。

这并不是在排斥线下家电企业与互联网平台的结合，而是说要更加理性地对待转型。一些企业急于改变自己的传统运作模式，没有掌控好节奏，另一个突出的问题是企业没有明确的转型方向，容易跟风随大流，没有制定详细的战略决策，导致企业内部人员都不能完全把握企业的整体走向。一些企业的转型计划仅仅停留在管理层面，在实际的操作中困难重重。

另外，转型意味着企业在改变自身的发展方向和整体的框架系统，在具体实施前需要做好成熟的发展策略，并制定具体的阶段性目标和实施进度，这样才能在转型阶段脚踏实地。虽然要根据市场情况进行调整和完善，但仍然要遵循自己的方向。还有一些企业大肆宣传自己的转型计划，在笔者看来，这是完全没有必要的，因为转型属于企业的内部政策，无须搞得人尽皆知。

与其他企业相比，国美在转型阶段制订了清楚的计划，并按照既定的方向向前迈进。在实施中，国美完善了供应环节，将二线市场作为自己的主要拓展空间，在发展好线下企业的同时积极寻求与互联网平台的结合，步骤清晰，目标明确。这正是国美超过其竞争对手的地方。从国美的发展实例中我们也可以看出，企业的转型也不是以营收和盈利的下降以及线下门店和线上交易的下跌为代价的。

当然，只有计划的真正实施才能让企业成功转型，这需要企业内部人员脚踏实地努力，消费者关注的是商品的性价比和自己的需求而不是企业的内部政策。

国美在抓住消费者需求的同时也激励内部员工，培养他们的主人翁意识。方法之一是让员工的付出与回报成正比，这样员工为了获得更多的报酬就会更加努力地工作，事实证明，这种奖励机制确实提高了企业的业绩。

▌深化门店改革，聚焦盈利改善

国美在转型阶段采取的策略的成功，是以线下实体店为主要发展对象，抓住市场需求，以企业盈利为目的，拓展产业链的两端，形成完整的发展体系。国美的线下发展方式增加了企业营收和盈利，为其他商家提供了借鉴。

◆凸显价格优势，完善产品体验

线下门店能够为消费者提供产品体验，电商则无法做到这一点。网络平

台提供的产品信息再多也比不上让消费者在现场的亲自体验。线下门店想要
在竞争中获胜就要紧紧抓住这个优势。

为了提高线下门店的服务水平，国美对其实体店做了一些完善。例如，
为了让消费者能够看到国美在价格方面的优势，他们在店门口放置了显示价
格的机器，消费者能够清晰地看到其他商家在同类产品上制定的价格。这个
方法很奏效，可谓切中要害，让顾客一眼看到国美的优势而摒弃其他商家。

国美的营销方式被证明是有效的。包销定制让国美获得了价格上的优
势，而且，如果其他商家要在价格上与其一较高下，国美为了吸引消费者
也能再次降低价格。在笔者看来，这个方法比其竞争者采取的双线同价、
全网比价的营销方法更具有优势，如果都以最低价出售产品，损失的将是
自己的利益。

除了凸显价格上的优势，国美还聚焦实体店为顾客提供的产品体验。
在这个环节上，国美通过多个细节提高服务质量。摆在柜台的样机全部换
成新的，消费者可以全面体验产品性能，在烤箱销售区现场烤制糕点，消
费者可以通过糕点的口感来判断烤箱的质量等，这都为顾客提供了更多的
体验机会。

零售企业也可以借鉴这些销售模式。超市可以采用批量采购的方式将某
种商品作为爆款产品推出，以此获得价格优势，虽然百货店还不能自主定价，
也能推出各种各样的营销活动来吸引消费者。其他商家也可以根据自己的能
力和优势来打造自己的品牌形象，或者通过自主经营的方式获得价格优势。

◆加强产品管理，掌握实时信息

国美在最艰难的发展阶段出台了新的应对策略，那就是与 SAP 及 HP 联
合，使用技术水平领先的企业资源计划系统来管理其线下实体店的商品，这
个系统的应用减少了企业内部在雇用财务人员上的成本，也加强了企业在商
品上的管理。企业资源计划系统将企业的商品信息全部纳入其中，企业能够
随时了解线下门店的运营状况，门店的销售信息能够及时反映到企业内部，
产品的流通情况也尽在掌握。

由此可以看出，网络技术的成功运用成为零售企业顺利发展必不可少的
手段。很多人认为零售企业线下门店之所以失去竞争优势的原因是固守联营

方式，不可否认的是，这个原因确实是其失败的重要因素，但如果缺乏对自身产品的管理，没有现代信息系统的支持，在自营的道路上也很难前进。

不排除零售企业都有配套的企业资源计划系统，但不同的系统之间也有较大的差异，有的系统不能查询单品信息，有的系统纳入的管理信息缺乏整体性，这样的系统在企业运营中发挥的功效都不及国美的系统。

◆ **低成本采购，强化供应链**

"薄利多销"是国美一大重要的经营理念，在经营过程中，价格是国美取得市场优势和地位的一个重要砝码，因此控制成本就成了国美经营的重中之重。在整个供应链中，作为链条开端的采购环节，国美更是严把成本关，"低成本采购"成为其重要的采购理念，一切相关活动都是以低成本为目的的。

国美的物流配送是经历了一个不断演进的过程，最终形成了完整的集中配送的现代物流配送模式。在此之前，国美经历过20世纪90年代前期由"大库房"到"小库房"最终到顾客的模式，也经历了20世纪90年代后期"门店储存配送"的模式，由各个门店单独设立库房和配送车辆对大件商品提供送货上门的服务。我们不难看出，国美在不同时期不同的配送方式与该时期国美的发展规模相对应。

在20世纪90年代，国美发展尚未触网，尤其是在前期，业务范围小，几乎仅仅局限于北京地区。采取"大库房"到"小库房"的配送方式无论是从人员配置还是客户需求方面来说都能够顾及。

而到了20世纪90年代后期，国美的规模逐渐扩大，其业务范围逐步走出了北京，开始走向全国。这时原有的物流配送方式就不再能跟上发展的脚步，人员配置量加大，客户需求量增多，因此"门店储存配送"诞生。再后来，国美业务进一步加大，价格逐渐成为其获取竞争优势的重要因素，对成本的要求使得其必须减少门店环节的配送作用，改为集中配送。

现如今，国美通过集中配送的方式逐步形成了规模效应，不但简化了中间环节，大大压缩成本，而且还因为中间环节的减少使得产品搬运次数减少，从而损耗量大大降低。

国美推进O2O融合的转型之路

成立于 1987 年的国美是中国早期家电零售连锁企业的代表性企业。依托于国美的战略布局其线下产业常年在国内占据较大市场份额，但进入互联网时代，其线下的优势并未让其线上也抱有如此大的优势地位。说起其线上业务进行得也不是很晚，但却未获得多大的成功，究其原因还是其电商转型意识觉醒得太迟以及没有把线上业务及时提高到公司未来发展的战略性高度，而作为其国内主要竞争对手的苏宁则比国美布局线上早了将近两年时间。

如火如荼的电商给传统的家电零售行业带来巨大的冲击，已经一片红海的家电零售连锁市场为求突破，被迫选择了线上线下同时作战的双线模式。在以京东商城为代表的 B2C 企业实行全品类的电商化转型使得传统家电巨头们纷纷开启家电领域的电商化转型，国美集团于 2011 年建立起电子商务网站，正式开始了电商化之路。

国美高层认为零售市场的核心业务还是在线下，持有一些"电子商务的所占比重还远远不能和其较快的发展速度相匹配，重点发展线上的时机还未到来""在发达国家市场，实体店面还是企业收入权重较大的方面"的保守想法。

国美高层逐渐意识到电商化转型的时代已经来临，开始了以电子商务渠道为核心多渠道并行的商业模式，其随时在线的国美电器更名为国美在线也传达着其电商化转型的决心。

国美推进 O2O 的战略意义在于仅靠企业技术与生态系统的领先无法推动企业的跨越式发展，而通过 O2O 融合可以依托国美的线上与线下的双线模式，在产品、物流、售后服务、会员维系等方面的融合达到以最小的成本获得最大化推广的效果。

2014 年国美在线又提出了升级版的"线下 + 线上 + 移动终端"的组合式运营 O2M 模式，该模式基于移动互联网时代的消费行为与消费者的需求变革，将线上线下的"全渠道"转变为融合互通的"全零售"，使消费者摆脱购物渠道与设备条件的制约，在移动互联的大数据时代下体验到"多样化的商品 + 个性化、定制化以及智能化的服务"。为庞大的消费者群体献上丰富的产品，集导购、支付、售后、反馈等为一体的终极化服务盛宴。为了完成这一宏伟目标，国美将对消费者的需求进行精准定位，同时引入国际流行元素，积极扩大品牌经营范围，争取打造成"全渠道＋全年龄段＋全领域"的社会化大众企业。

O2O 模式到 O2M 模式是企业顺应全球 PC 互联网向移动互联网时代的发展趋势，O2M 模式更加适合移动互联时代所带来的消费行为与需求的变革。而 O2M 是基于 O2O 模式之上，本质还是线上与线下的结合，但是 O2M 的核心在于将 PC 互联网与线下都引入移动端，使传统 PC 互联网、线下门店与移动端的深层次融合。

O2O 作为一个刚兴起来的领域，处处充满着诱惑，虽然众多企业都在极力争夺这一块蛋糕，但是至今还没有任何一家企业有能力独吞这块蛋糕，各个电商巨头们也正在加快 O2O 领域的布局。

电子商务已经发展到了一个临界点，不仅是线上，线下渠道也开始逐渐增强互联网。因此，要想更吸引用户的眼球，为用户带来更个性化的体验，线上线下应该更好地协同配合，取长补短，而 O2O 将会引领未来电商领域的大潮。

虽然国美一直对外宣称将电子商务作为实现突破的重要方向，同时也对线上业务的发展提出了明确的要求，但是在实际的战略运作中，电商业务依然处在从属地位，而且国美在线的物流、采购以及门店将实现快速整合，国美在线将失去独立运营的资格，转而成为集团整体的运作，从而可以充分利用集团建立的供应链系统，降低更多的运作成本。

国美电器在发展过程中如果忽视其实体业务的发展的话，将很难在未来有更长远的发展。中国人口数量以及市场结构等因素就决定了实体业务在未来仍然有比较强的生命力。只不过在面对互联网的渗透时，企业应该改变自己的思维方式，将互联网手段以及策略融进企业已有的发展中去。

归根结底，互联网只是一种手段和平台，那种要实现彻底颠覆的企业应该学会及时警醒回归到现实中去，在传统业态、模式的基础上进行变革，通过传统与现代的交汇与融合，创造出最美的乐章。

▌国美在O2O领域的战略与布局

◆打造黄金 O2O 平台

2014 年 3 月，集聚向电商化扩展的国美不惜用 10 亿重金打造了线上购金平台——多边金都，同年 9 月，主营黄金珠宝的 Mall 线下门店也在北京开业。可以看出国美意在打造"线上 + 线下"一体的 O2O 销售平台。线上以"金都在线"为依托，配以国美在线等平台，开展包括销售、拍卖、易货以及第三方与第三方之间的服务。

"线下"主要有两个售货渠道：一是将"多边金都"打造成全国范围的黄金专业卖场，将其建设为售前售后一系列的综合服务网点；二是利用集黄金行业信息、黄金周边文化、黄金主题服务为一体的"金都荟馆"开展会馆式服务。

后续还将有一系列的线上与线下相结合的产品，并在线上与线下实行积分共享制，和银行开展深入合作，为消费者、供应商及实体产品经营商家分别提供消费、保理、经营类贷款服务。

◆推出家装 O2O 平台

2015 年 4 月，国美进一步向家装领域迈进，与家装公司东易日盛、新途网以及婚恋网站百合网联合推出"国美家"，根据 3D 虚拟现实技术让用户生成自己满意的户型，也可上传用户喜爱的真实户型图片，几天后得到 3D 模型与大家共同分享。"国美家"实现了在线会员最大限度地与企业的交流互动，业务涵盖北京、上海、天津、重庆等十个城市，陆续将增加到 50 个城市。

◆开启全民微店项目

目前，国美已经形成门店、微店、超市、商场、国美在线等多层次的生态圈，并以微店为重点核心项目，独立研发平台通过 APP 应用与公共账号展开业务。大力激励员工经营微店，将每个员工都打造成小型的销售渠道，为企业带来丰厚的利润。

在微店的带动下，线上与线下相互促进，以互动性极强的点对点沟通互动下，让每一个员工变为此模式的爆发点，形成国美的全民 O2O。通过微店经营不仅打破了时空的限制实现了"零距离"接触，更提高了员工的主动

性，使"守株待兔"式的传统经营态度实现向积极性高、活力强的经营态度的转变。

◆ 线上线下同步并进

国美在线也将乘着移动互联网时代之风开展"线上 + 线下 + 移动互联"的全零售模式。通过线上免第一年佣金的手段吸引商家，抢占大量的商品资源；线下优化服务体验，与各大卖场、百货超市展开深度合作，引入高科技的智能化店面体验设备，为消费者提供最优化的"一站式"服务。

互联网时代信息的超越时空的即时传递性，开放与融合的市场大环境给企业带来了新的机遇与挑战，到底是站在互联网的"巨人肩膀"上，还是被压在互联网的"五指山"下，这要看企业的思维模式与经营策略的转变能否适应新的变革，当下国美的任务还是要稳扎稳打，在变革中走好 O2O 的转型之路。

第15章　新零售时代：
日本便利店的转型策略

▌7-11：优化门店运营，提升运营效率

自 2016 年 "新零售" 理念提出以来，越来越多的企业开始参与到新零售布局之中：亚马逊的 Amazon Go 无人超市、阿里巴巴的无人便利店和淘咖啡，以及缤果盒子（无人收银便利店）、风靡办公商务场所的迷你便利店等。这些以互联网、AI 技术为依托的自助消费型的无人便利店迅速成长为一种零售新业态，受到各方的广泛关注和青睐。

与我国零售便利店在消费升级背景下持续进行变革转型不同，拥有成熟完善运营模式和体系的日本便利店在面对电商零售的冲击和挑战时显得淡然很多，并以一种更加扎实沉稳的姿态开展自身的转型升级。

日本便利店业界有 "5 万家饱和论" 的说法。不过，早在 2014 年日本国内便利店的数量就已超过了 5 万家，当前更是接近 6 万家。相关数据显示，到 2017 年 4 月，日本三大便利店巨头 7-11、全家和罗森的门店数量总和达到 5.4882 万家，在日本便利店市场中的占比高达 90%，从而直接引领和影响着整个日本便利店产业的发展。

相关数据显示，2016 年 7-11 便利店在日本国内零售市场的占有率高达 42.7%，2017 年又提出 "全力突破 50% 市场份额" 的目标，充分体现了 7-11 集团继续领跑日本便利店市场的战略雄心。具体来看，新形势下，7-11 便利店主要从以下方面对门店运营进行变革优化：

◆**降低 1% 加盟费**

2017 年东京地区的员工小时工资标准比 2016 年增加了 213 日元，达到 923 日元。鉴于人力成本的快速攀升，7-11 集团决定从 2017 年 9 月开始将便利店的加盟费下调 1%，借此支援加盟店的经营活动。

同时，7-11 还改变了以往"一个店主一家店铺"的运营原则，允许甚至鼓励有管理经验和能力的优秀店主同时运营多家便利店，以增强加盟店对 7-11 品牌的忠诚度，避免优秀门店转投其他连锁便利店品牌。

◆**引进自动洗碗机、自动检货系统**

为应对日益高涨的人力成本、提高门店工作效率，7-11 集团还在便利店中全面引入自动洗碗机设备，用于油炸锅具的清洗工作，从而既减轻了员工的作业负担，节约了人工成本，又提高了工作效率。相关研究指出，使用洗碗机平均每天能够减少员工一小时的工作量，由此每年节约的人力成本达到 30 万日元左右。同时，与人工操作相比，洗碗机的清洁与杀菌效果更强，也更具环保性，能够节约用水 20%。

除了引入洗碗机代替人工手洗，7-11 从 2017 年夏季开始还在旗下便利店中陆续引入 FRID 检货系统。该系统应用最新的无线自动识别技术，能够帮助便利店将每日检货时间从以往的 170 分钟缩减到 8 分钟，从而大大提高了检货效率，并为门店每年节省大约 80 万日元的人工费用。

◆**调整店内布局和陈列**

在继续扩大生鲜、熟食类特色商品占比的同时，7-11 还根据 2016 年不同品类产品的销售状况特别是冷冻食品、收银台商品和日配商品销量的明显增长，对便利店中的商品布局和整体陈列进行了调整优化。

具体来看，7-11 便利店入口右手边增设店内用餐区、左手边则为冷冻食品货柜，接着按照顺时针依次为米饭、冷藏食品货柜、收银柜台，同时将米饭和冷藏食品货柜增设至少 2 台，收银柜台则延长 2 米左右，以便为顾客留下充裕的时间和空间选择收银台商品。

实践证明 7-11 的此次门店布局优化调整是成功的，一些采用了新布局和陈列的门店日均销售业绩增加了 3 万～4 万日元。基于此，7-11 将继续扩大门店布局改革的范围，计划到 2021 年完成集团旗下所有便利店布局和陈列的优化调整。

█ 全家：整合业务资源，强化食品品类

成立于 1972 年的全家（Family Mart）也是日本著名的连锁便利店品牌。2016 年全家并购 UNY 集团，并与该集团旗下的便利店 Circle K Sunkus 进行业务整合后，全家便利店一跃成为日本第二大的连锁便利店品牌，门店数量达到 1.8125 万家。面对日益激烈的便利店零售市场竞争，全家主要采取了以下应对举措：

◆并购整合，统一品牌

全家并购 Circle K Sunkus 虽然使自身规模迅速扩大，但也面临着经营整合、品牌统一等问题。从经营能力和影响力上看，Circle K Sunkus 与全家存在一定差距，如 2016 年全家便利店的日均销售业绩为 52 万日元，后者则仅为 42 万日元。根据相关预测，Circle K Sunkus 进行品牌更换后，能够提升大约 15% 的营业额。

对全家来说，并购 Circle K Sunkus 后，越早进行店内外改造，实现品牌更换，越能够减少业务整合阶段产生的经营损失。为此，全家计划在 2018 年 9 月前完成对 6469 家 Circle K Sunkus 便利店的品牌更换和统一。

◆《三年中期经营计划》

全家还针对食品类商品制订了《三年中期经营计划》，主要分为两个方面：一是对于快餐、熟食类食品，将自营的 46 家食品加工厂与原属于 Circle K Sunkus 的 56 家食品加工厂进行整合，优化完善食品类商品的物流供应链，提高生产供应效率；二是制定严格的食品温度管理标准，根据食品的温度分类（常温、冷藏、冷冻）分别成立专门的加工厂，最大限度地保证食品鲜度。

◆ FAMI 横商店街

与其他便利店一样，全家收银区的常温类熟食商品也备受顾客青睐，从 2015 年 4 月开始已保持了 20 多个月的销量增长。因此，继续优化以各种肉类炸串和烤串为主的收银区熟食商品的销售成为全家未来商品经营战略的重

要内容，如 Circle K Sunkus 之前的热销食品碳烤鸡肉串。

全家将便利店中的熟食区称为"FAMI 横商店街"，希望能为顾客搭建一种像商店街一样繁华、充满活力、轻松愉悦的购物场景。全家对"FAMI 横商店街"表现出了充分的信心和期待，目标是一年卖出 2 亿串烤鸡肉串，并以此推动整个熟食区达到 40% 的销售业绩增长。

罗森：探索下一代便利店的运营路径

日本另一便利店巨头罗森（LAWSON）成立于 1996 年，主要采用特许经营连锁的形式。罗森是首先在全日本完成展店工作的便利店品牌，且由于近年来不断进行探索改革，受到业界的高度关注和认可。大致来看，新零售场景下罗森的经营变革主要表现在以下两个方面：

◆《1000 天全动员实践企划》

2017 年 2 月，罗森公司开始实施一项全新的企划项目《1000 天全动员实践企划》，主要是在未来 1000 天里集中更多人、财、物等各种资源探索公司的下一代便利店模型和运营路径，以有效应对新时代的需求变化和挑战。罗森公司社长竹增贞信指出，未来的便利店业态应像城市公共基础设施一样能让人们随时便捷地获取日常生活所需的商品和服务，成为消费者日常生活不可或缺的一部分。

《1000 天全动员实践企划》包括商品开发和生产层面的体制机制调整变革、强化对加盟店的支援力度、积极拓展移动售卖服务等诸多内容。

对加盟店进行经营支援的主要方式是引入"收银机器人"。该设备由松下电器研发，能帮助便利店自动完成商品的结算与包装，从而大幅降低人工成本、提高工作效率。罗森在 2016 年进行了"收银机器人"系统试运行，2017 年 7 月开始在全日本大约 10 家便利店中正式投入使用，为此投入了大约 40 亿日元的费用。

拓展移动售卖服务主要是通过增加"罗森号"移动贩卖车的数量（从当前的 20 台增加到 100 台）实现的。该移动销售货车由罗森公司统一提供给各个分店，车内配有常温和冷藏设备，能够提供包括食品在内的 150 多种日常生活用品，主要服务区域是方圆 5 千米以上缺乏购物设施、对移动贩卖服务有较大需求的地区。

◆强化和中坚企业便利店的合作

罗森还通过强化与中小型便利店的合作实现自身资本和业务规模的扩张：2016 年 4 月与 Three-F 便利店实现资本与业务合作协议后，又先后与 SAVE ON 和 POPLAR 便利店建立了部分地区的业务合作关系。

简单来看，罗森与 Three-F 的资本与业务合作中，后者将以"LAWSON·Three-F"双品牌的命名方式运营自身便利店，以此实现双方的优势互补；与 SAVE ON 的合作则是将后者的 500 家便利店进行品牌变更，从原招牌改造为新招牌"罗森"；与 POPLAR 便利店的合作主要是加大投资力度，出资比重从 5.01% 增加到 18.27%，并优化双方共同经营的 50 家"LAWSON·POPLAR"便利店在商品调配方面的合作。

当然，不论是 7-11 便利店对经营策略的优化调整，还是全家的《三年中期经营计划》，或者是罗森的《1000 天全动员实践企划》，都是一个长期的、阶段性的战略变革，能否始终适应整体商业环境和市场需求的快速变化、获得预期效果，都还需要时间和实践的检验。虽然如此，日本便利店巨头对零售市场变化的敏锐感知和精准把握，以及不随波逐流、根据自身实际状况和战略需求稳步调整变革的做法，却是值得我国零售企业学习和借鉴的。

Part 6

母婴新零售：

"互联网+母婴"方法论

第16章 "互联网+"时代
母婴零售的变革与实践

迭变之路：母婴零售1.0到4.0时代

近两年，母婴电商十分火热，庞大的市场需求与资本巨头的助推，使母婴电商成为创业者及诸多企业关注的焦点，宝宝树、辣妈帮、蜜芽宝贝等垂直母婴电商平台纷纷加快布局，意欲在市场格局未稳之前抢占战略制高点，价格战、跨界合作、"直播＋电商"等各路玩法层出不穷，为了取得领先优势，母婴电商企业使出了浑身解数。

然而在母婴电商市场经历一轮轮惨烈的价格战后，从业者开始意识到母婴电商要想真正走向成熟，必须回归满足用户需求，解决用户需求痛点的商业竞争本质。纵观母婴零售行业的发展历程，不难发现，国内母婴零售经历了以下4个发展阶段：

◆ 母婴1.0：传统母婴门店时代

这也是母婴零售的起步阶段，该时期，商家以卖货为主，对品牌建设、供应链管理等方面缺乏足够的重视。经过一段时间的发展后，市场上也出现了以乐友、爱婴室、丽婴房、母婴之家为代表的母婴零售品牌。以母婴之家为例，门店出身的母婴之家于2003年在上海地区开设了第一家线下门店，由于其提供的产品性价比较高，而且十分重视服务体验，很快在上海地区站稳脚跟。

◆**母婴 2.0：目录册时代**

乐友可谓是目录册时代的开创者，其采用的"线下门店 + 网上商城 + 邮购目录"的"三位一体"的营销模式，受到了母婴从业者的争相效仿。2004 年成立的红孩子就是通过借鉴乐友的营销模式而取得了快速发展，不过作为后来者的红孩子没有布局线下门店，而是采用了模式较轻的"网上商城 + 邮购目录"的发展思路。

红孩子崛起后，市场中涌入了大量的创业者，麦乐购、妙乐乐、绿盒子、亲亲宝贝、速普母婴、妈妈 100 网等母婴电商玩家都是在这一时期入局的。

◆**母婴 3.0：互联网母婴零售时代**

随着电子商务基础设施的不断完善，网购成为一种不可阻挡的新消费方式而迅速席卷国内市场，淘宝、京东、苏宁、亚马逊等电商平台纷纷开辟了母婴业务，再加上乐于接受新鲜事物的"80 后"及"90 后"进入婚育期，使母婴电商迎来爆发式增长期，与此同时，母婴实体商家也纷纷布局线上，母婴零售 PC 时代序幕正式拉开。

而从目录册时代向 PC 时代转型的过程中，不少母婴企业也经历了一段艰难的转型期。以国内首个挂牌新三板的母婴电商企业母婴之家为例，为了能够实现从目录册向 PC 互联网的转型，母婴之家不但对组织结构进行了重大调整，而且关闭了很多盈利状况相当良好的母婴门店，这也导致了企业一度面临资金链断裂的困境。

◆**母婴 4.0：移动互联网背景下的"母婴 +"时代**

随着智能手机以及移动互联网的推广普及，人们开始从 PC 端向移动端转移，购物消费呈现出了明显的移动化及碎片化特征。母婴电商各路玩家纷纷投入大量资源布局移动终端，研发母婴电商 APP，并为之引流。

国内经济长期面临较大下行压力的背景下，投融资机构因为担心母婴电商重蹈外卖、出行、团购的覆辙，而对其投资显得格外谨慎，母婴电商迎来洗牌期。为了弥补产品体验及服务缺失的短板，母婴电商企业也开始布局线下市场，在一些用户较为集中的地区建立体验中心等。

▍"互联网+"时代下的母婴发展趋势

在互联网迅猛发展的环境下，在"互联网+"大背景下，越来越多的消费行业与互联网结合表现出了一系列新变化，母婴行业就是其中之一。母婴行业与互联网相结合表现出了六大特点，具体分析如下：

◆互联网化将实现最大化

现阶段，母婴行业的主要消费群体是"80后""90后"，这部分群体深受互联网的影响，早已形成通过互联网购物、获取知识的习惯。所以，受用户群体的影响，在这个时间范围内，母婴行业的互联网化将实现最大化。

◆移动端产品更适合母婴群体

从使用空间方面来看，对于繁忙的新生儿妈妈来说，相较于放下孩子到PC端购物，她们更愿意一手抱着孩子，一手在移动端购物。所以，未来，移动端产品将备受母婴消费群体的青睐。

◆移动端产品更适合碎片化操作

对于新生儿妈妈来说，尤其对于拥有1岁以下幼儿的妈妈来说，在照顾孩子期间，她们的时间被严重切割，呈现出了碎片化的特点，相较于耗费时间的PC端购物，她们更愿意选择移动端购物。所以，从使用时间来看，移动端产品更适合碎片化操作。

◆移动端产品能增强母婴群体的安全感

各行各业都将安全放在首位，母婴行业更加重视安全问题。在电子产品泛滥的时代，很多孕妇为了保护孩子都会购买防辐射服，即便知道防辐射服的防辐射作用不大，为求心安依然会购买，这就是典型的心理安全感。

同样，孕妇为了保护宝宝，防止宝宝受到电脑辐射的影响，会尽量减少电脑使用时间，PC端购物的概率也会大幅减少。而智能手机、平板电脑等移动设备的辐射较小，尤其是智能手机开启飞行模式之后还能进一步减小辐射，所以，对于孕妈来说，这些移动设备就成了上网的首选，移动端购物自然也就成了常态。因此，从心理层面来讲，相较于PC端购物来说，移动端购物能带给母婴群体更多安全感。

◆网上流量入口从 PC 端转向了移动端

在 PC 时代，母婴类网站是母婴资讯的主要来源，其流量也多来自于搜索引擎。但是，随着行业竞争越发激烈，很多母婴企业都开始在移动端布局。相较于 PC 端来说，移动端能为用户提供更精细、更个性化的信息服务。现如今，孕妈、新生儿妈妈群体的手机中安装几款不同的母婴 APP 已甚为常见，随着用户口碑的积累，母婴行业的用户流量来源将逐渐从 PC 端向移动端转移。

◆"社交＋电商"助力母婴行业发展

用户对母婴产品非常谨慎小心，网购平台上的母婴产品仅靠商品介绍与用户评论很难获得母婴消费群体的信任。比如，对于奶粉，消费者在购买的时候往往要明确这款奶粉的品牌，奶粉属于该品牌的哪个系列，这款奶粉适合哪个年龄段的孩子食用，奶粉成分是什么，是否会导致孩子过敏等。传统电商很难解决这些问题。如果电商与社交移动相结合，新手妈妈通过相互交流经验能解决很多问题，母婴电商也能因此获得更好的发展。

总而言之，随着消费群体年龄、使用习惯、上网设备、用户心理等因素的变化，互联网母婴行业也发生了很大的变化，尤其是在移动互联网迅猛发展的背景下，母婴行业朝移动端发展已成大势所趋。

"互联网+母婴"模式的探索与实践

随着二胎政策的开放，母婴电商的未来发展前景得到了企业界的一致认可。"互联网＋"在各行业爆发出前所未有的巨大能量，在诸多行业探索者的努力下，将互联网与母婴市场深度融合也成为一种主流趋势。那么，未来的"互联网＋母婴"存在哪些值得探索的方向呢？

◆方向一：产品细化 O2O 模式

在消费需求不断升级以及个性化消费越发突出的背景下，母婴 O2O 被细分已经是必然的结局。母婴电商企业可以选择某一细分市场进行精耕细作，提升自身在消费者心中的专业性与信任度，从而赢得他们的认可与信任。具

体来看，母婴O2O可以被细分为亲子O2O及母婴用品O2O两大类，其中亲子O2O可以被进一步分为课程培训、亲子活动等；母婴用品O2O可以被进一步分为母婴食品O2O以及母婴生活用品O2O。

对于亲子O2O，母婴企业可以借鉴在线教育的玩法：通过线上推广吸引用户报名，组织用户在线下体验，并引导用户在社交媒体及短视频平台中分享产品体验；母婴食品O2O可以借鉴1号店的玩法：通过推出抢购、闪购等活动来吸引用户，或者是以套餐（以月、季度甚至是年为单位）的形式为消费者提供优质产品；母婴生活用品O2O可以借助聚美优品的玩法，专注于母婴品牌特卖。

◆方向二：孕期下游价值拓展

考虑到孕期市场的用户多为周期性新用户，所以，企业可以深度发掘现有用户的潜在价值，通过为其提供早教产品、亲子产品等孕期下游的产品及服务，从而获得更多的利润来源，有效提升自身的盈利能力。孕期用户对其所在的社群通常会有较高的黏性，即便是小孩出生后，也会和社群成员交流婴儿成长、婴儿服装、食物搭配、所用药物等内容，这就为企业进一步探索其潜在价值打下了坚实的基础。

当然，母婴企业不一定非要探索孕期下游价值，从孕期上游切入也有很多机会。以女性经期健康管理产品美柚为例，美柚APP于2013年上线，后续又推出了柚宝宝、柚子街两款APP产品。截止到目前，美柚已经完成了5轮融资，涵盖了经期、备孕、怀孕、育儿多个板块。通过对用户数据的搜集与分析，美柚可以在用户经期管理过程中及时找到怀孕的用户群体，然后再有针对性地为其推送个性化内容。

◆方向三：重新定义安全敏感类商品的电商模式

由于母婴群体的特殊性，人们对母婴商品的品质、质量、安全性等有着极高的关注度，尤其是对奶粉、尿不湿这种需求频率极高的刚需产品，人们并不会因为某款产品价格优惠或者是某个知名品牌生产的产品就直接购买。母婴消费群体在进行购物决策时，一个专业性较强、可信度较高的垂直社群为其提供的建议就显得尤为关键。

这个建议可以是社群成员讨论后得出的一致结论，也可以是社群中的意见领袖提供的专业建议。母婴消费群体本身的特殊性与消费决策的复杂性，决定了企业要想做好母婴电商，必须对模式进行创新。

◆**方向四：盈利模式探索需守住质量关**

在积极扩大市场份额，探索新领域的同时，母婴企业必须严格把控产品及服务质量，这样才能沉淀一批忠实用户，否则很容易被竞争对手通过同质化竞争与价格战所击败。从诸多电商企业的实践案例来看，电商在拓展新品类的同时，必须通过打造产品品质保障机制、售后服务体系等，来赢得消费者的认可与信任。

母婴电商的发展前景确实十分广阔，但社会各界对母婴产品的质量极为重视，尤其是对于那些没有布局线下的纯电商企业，更应该确保产品品质与质量，否则一旦出现问题，不仅会严重影响用自身的品牌形象，甚至会遭到监管部门的严厉惩罚。

与此同时，对于母婴消费群体而言，价格对其消费决策影响相对较低，人们首先考虑的是产品的品质与质量，然后再去思考性价比。要想赢得消费者的认可与信任，使自身能够长期稳定地持续发展，母婴电商企业必须严守底线，为消费者提供优质的产品及完善的售后服务，从而建立良性口碑。

对于母婴消费群体而言，购买母婴产品时，应该更加冷静、客观，必要时通过法律手段维护自身的合法权益。很多消费者在网购时很容易进行冲动消费，但在购买母婴产品时，应该尽量避免出现这种情况。选购商品时，首先要选择那些正规的电商平台，然后在从那些有良性口碑、值得信赖的品牌中进行挑选。收到货物后，要对产品进行检查，将其与官方描述进行对比，并保管好发票及相关凭证，以便后续进行维权。

◆**方向五：母婴信息及产品的数据化**

由于社交电商在提升转化率方面具有明显优势，所以很多母婴品牌在推广母婴产品时，会以在贴吧、论坛、公众号、朋友圈中发布软文的形式进行推广，这种半结构化的数据使得母婴用户在遇到问题时，必须浏览大量无关内容后，才能获取想要的信息。当然，有的人会向自己身边的朋友、同事等进行咨询，有的则是私信社群中的意见领袖。整体来看，在母婴市场，为用户提供方便快捷的信息产品及服务仍属空白。

很多年轻孕妇由于缺乏经验，在怀孕期间经常会遇到各种问题，当出现腹痛等身体不适的情况时，心里会非常恐慌，此时，如果能够为她们提供专业的信息产品及服务，比如，将处于同一年龄阶段、身体状况类似的孕妇群体的相关数据，以及出现各种问题时的解决办法等提供给她们，就可以有效缓解她们的心理压力，引导她们采用更为科学合理的应对策略。

▌消费升级浪潮下的跨境母婴电商崛起

全面二孩政策的实施为母婴行业发展提供了巨大的市场空间，其中尤以母婴电商发展最为火爆，涌入了大量参与者。然而，总体上，母婴行业其实是处于混乱、无序的野蛮发展状态，亟须相关政策的引导规范，以推动其步入高速、良性、可持续的发展轨道。

这一背景下，2016年3月21日，全球著名婴幼儿奶粉品牌可瑞康（Karicare）宣布在中国市场停售；4月8日，我国开始实施6项跨境新政，母婴跨境领域受到巨大冲击；4月11日，被誉为"母婴行业琅琊榜"的中国孕婴童产业评选活动大奖揭晓。

这些事件背后反映的是我国母婴行业正从之前混乱、无序、野蛮成长的状态向有序、规范、良性的发展轨道迈进，母婴市场竞争将回归商业本质：不再只是借助新一轮"婴儿潮"进行野蛮扩张，而是更加注重品牌打造，通过提供满足消费者需求的优质产品和服务实现收益目标。从这一角度来看，母婴电商市场的发展和竞争其实才刚刚开始。

任何行业中市场格局与商业逻辑的形成都无法绕开宏观层面政策环境的影响。就母婴电商来说，其出现之时就已有自身的商业运作逻辑，而2016年4月国家出台的跨境新政则是对其混沌、无序发展状态的规范化，是母婴电商行业的政策环境进入规范期的标志。

虽然跨境电商"4·8"新政并非单纯针对母婴电商，但它却是首当其冲、受影响最大的领域，因为当前国内跨境电商的消费品结构中，母婴类商品的占比最高。究其原因，国内不断出现的奶粉、纸尿裤等婴幼儿产品质量问题，使消费者对国产母婴用品失去信心，倾向于购买有质量保障的进口母婴产品。

虽然近几年跨境母婴电商增长势头十分迅猛，但产品品类单一、货源不稳定等供应链管理问题始终未能得到有效解决，不但给用户体验带来了较大的负面影响，而且限制了母婴跨境电商企业的发展。

随着利好政策的相继出台，母婴市场的发展空间进一步扩大，而跨境电商作为各路玩家正在积极探索的新蓝海，同样具备巨大的发展前景，二者的碰撞融合无疑给相关从业者提供了重大发展机遇。不难发现，在淘宝、天猫、京东电商等综合电商平台举行的大型促销活动中，优质的海外母婴产品无疑成为广受消费者关注的明星产品。

目前，国内的跨境母婴电商市场相当火热，虽然供应链管理问题的存在提升了行业门槛，但庞大的市场需求与资本巨头的疯狂涌入，使得创业者及企业迸发出了极大的热情。除了以天猫国际、国美在线、京东全球购、苏宁红孩子为代表的综合电商平台积极布局跨境母婴电商市场外，贝贝网、宝宝树、蜜芽宝贝等一批垂直母婴电商平台也在加快跨境电商板块的布局速度。

让消费者感到相当惊喜的是，跨境母婴电商开始从线上走到线下，很多实体母婴商家建立线下体验中心，用以让消费者零距离地体验优质海外母婴产品。以网易考拉海购为例，除了在电商促销活动中大力推广海外奶粉及纸尿裤产品外，网易考拉海购还在广州地区建立了体验专区，并为顾客提供花王纸尿裤免费换领活动。

线下母婴企业也在积极发力跨境母婴电商市场，作为一家全国领先的孕婴童连锁零售企业，母婴零售品牌乐友不但推出了定制化的购物中心O2O体验店，而且还建立了能够为顾客提供深度体验式消费的海淘店，顾客在门店内可以先试用跨境母婴产品，然后在线上下单购买。

提供优质的海外母婴产品目前正在成为电商平台用来引流的重要方式，各路玩家纷纷加快布局，之所以，跨境母婴电商市场会如此火热，本质上还是因为母婴市场存在的巨大发展潜能。

一方面，我国母婴产品需求十分庞大，在庞大的人口基数以及"全面二孩"政策出台的背景下，每年新增人口达到1700万人左右，而且随着人们消费需求不断升级，国产母婴产品的品质、安全性等问题越发突出，优质海外

母婴产品受到了越来越多母婴消费者的青睐。

另一方面，"80后"及"90后"开始进入婚育期，成为母婴产品的主流消费群体，而这一群体对生活品质要求较高、网购十分频繁，从而有效推动了跨境母婴电商市场的蓬勃发展。

此外，和日本、美国、英国等市场相比，我国母婴企业普遍采用的质量标准相对较低，行业监管体系不完善，不但童装、玩具等产品经常出现问题，甚至直接食用的奶粉、辅食等产品问题也时常被媒体曝光，2008年发生的三聚氰胺事件，至今已经有将近十年的时间，但其对国产奶粉的负面影响仍未消失。这也导致了很多国内消费者宁愿多花一些资金及时间成本，也要购买更为安全、健康的优质海外母婴产品。

▌回归本质：母婴电商企业的运营技巧

和几年前相比，当下的母婴电商产业结构正在发生转变，投资变得谨慎，需要企业积极实施创新，拓展新的细分市场，才能从激烈的市场竞争中脱颖而出。

以前，母婴电商企业吸引用户的方式主要包括两种：其一是实施价格战，通过提供优质低价的奶粉、纸尿裤等产品吸引用户；其二是通过线上及线下结合的全渠道营销模式，对目标群体进行狂轰乱炸，快速提升曝光量与知名度。但这也不可避免地造成了成本的大幅度增长，而且获得的用户也毫无忠实度可言。在资本遇冷的局面下，这种方式显然已经难以为继。

从长期发展的角度来看，母婴电商市场逐渐回归商业竞争本质对企业是有利的，不过在短时间内很难彻底完成转变。在用户需求主导的新消费时代，母婴电商核心竞争力的打造，应该是建立在满足用户需求的基础之上。具体来看，母婴电商企业需要做到以下四个方面：

（1）回归零售本质，强化供应链管理能力，打造完善的供应链管理体系。未来母婴电商企业需要充分确保产品质量，控制采购成本及物流仓储成本，和优质母婴厂商及品牌商进行合作，更为合理地配置线上与线下资源等，这样才能为消费者持续稳定地提供更具性价比的优质母婴产品，从而沉淀出一批忠实用户。

（2）深入分析母婴消费群体需求，扩充产品品类。当前母婴电商所面向的"80后"及"90后"消费群体，也是我国的主流消费群体，这一群体对生活品质要求较高，购买力较强，而且已经培养出网购消费习惯，如果母婴电商企业能够对其购物习惯及需求心理进行深入分析，并借助社交媒体、直播平台等对目标群体进行定制营销，将会发掘出更多的利润增长点。

（3）开展内容营销，探索网红经济。借助开展内容营销，来引发用户情感共鸣，激发其购买欲。培养母婴达人或者是和自带流量的母婴红人进行合作，对用户群体实施社群化运营，通过为目标群体分享专业知识、技能、经验，组织其参加线上线下活动等，提高用户黏性与活跃度，为后续进行营销推广打下良好的基础。

（4）拓展线上渠道的同时积极布局线下市场，打造母婴生态圈。母婴产品尤其注重产品及服务体验，仅单纯地布局线上是不够的，母婴电商企业需要积极完善线下布局，通过体验中心、实体门店，来为用户提供丰富多元的消费场景，使其享受到超乎预期的极致服务体验。与此同时，发掘医疗、亲子、旅游、教育等细分市场，从而延长用户生命周期，提升自身的盈利能力。

母婴用户的生命周期相对较短，每隔一段时间后，忠实用户就会流失，企业必须不断引流，才能维持生存。而且行业竞争十分激烈，价格战及同质化竞争问题尤为突出，这种背景下，很多母婴电商企业面临着较大的生存压力。

长期来看，具有较高可行性的母婴电商企业发展壮大的路径，一是扩展经营的产品品类，发展成为综合型电商企业，但其缺点在于国内电商市场已经相对稳定，淘宝、天猫、京东等综合型电商平台控制了绝大部分流量，留给母婴电商企业的成长空间已经很小；二是采用平台型发展思路，充分整合母婴产业链上下游资源，打造母婴生态圈。

选择走平台型发展模式的母婴电商企业需要以开放合作的心态引入更多的战略合作伙伴，针对母婴消费者孕前、孕期、产后及儿童成长中的需求痛点，为其提供"一站式"母婴产品及服务解决方案。

　　新生事物层出不穷，再加上消费需求不断发生变化，很多母婴电商企业被时代的洪流所淹没，而导致它们走向死亡的最为关键的因素就是没有抓住商业竞争的本质，盲目追随所谓的"潮流"。在市场降温、资本遇冷的当下，母婴电商企业需要回归商业竞争的本质，以用户需求为中心，通过为用户创造价值来构建外部竞争力，从而在激烈的市场竞争中成功突围。

第17章　新零售时代的母婴实体店如何突围

▌新零售环境下的母婴实体店变革策略

马云在 2016 年的云栖大会上表示，未来十年，新零售将称王称霸，零售商要想存活、发展，线上线下必须结合在一起。在新零售时代，从本质上来讲，物流就是消灭库存。现阶段，母婴行业的产品同质化现象异常严重，大部分母婴零售商都面临着库存积压的难题。

要想消除库存就要扩大消费者的购物需求，而释放消费者购物需求的前提是提升零售商的运营效率。新零售，线上、线下、物流相结合的目的就是提高运营效率。从这个角度来看，母婴行业进入新零售是必然之举。

新零售指的就是线上、线下、物流结合在一起，将库存消灭殆尽，为企业带来更多效益的一种商业模式。对于新零售的商业模式，不同的企业有不同的看法。

在阿里巴巴看来，新零售就是借助互联网思想与技术将现有的近 30 万亿的社会零售商品总量改革、升级，最大限度地满足国内消费者不断升级的消费需求，使整个商品生产、流通、服务过程的运行效率得以大幅提升。

在步步高看来，线上、线下的融合将打破线上、线下的不平衡现象。从本质上来讲，新零售面对的是消费者日益升级的消费需求，需求与市场并存。

在海尔看来，希望能借助新零售将企业与用户融合在一起，创造极致的用户体验。从用户的角度来看，大规模定制化方案能切实拉近用户与企业之

间的距离；从企业的角度来看，互联工厂新模式的构建必须颠覆现有的家电行业制造体系。

在新零售商业模式方面，众企业做出了种种实践。比如，万达在 2015 年上线非凡网，打造自己的电商平台；阿里巴巴于 2016 年 11 月 18 日入股三江购物，构建线上线下融合的新零售模式；亚马逊紧随其后，于 12 月 5 日推出了实体零售店 Amazon Go 等。其中，万达电商平台非凡网的上线彰显了市场对新零售发展前景的超高期待。

十年前，母婴行业的信息不对称，商品毛利较高，零售商只要开店就能赚钱。而现如今，随着互联网、移动互联网的高速发展，孕婴童渠道逐渐成熟，信息逐渐公开化、透明化，商品毛利逐渐下降。虽然母婴行业规模在持续扩大，但随着资本进入、电商分流、传统零售卖场对婴童产品重视度的提升，中小型母婴商店的经营越发困难。

虽然在二胎政策落实之后新生儿数量猛增，母婴市场规模逐渐扩大，但母婴行业的销售渠道逐渐增多，除了传统的线下母婴店商之外，还有线上电商、海淘电商和微商。在这种形势下，创业者投入大量资金却要面临严重的库存压力，无论是线上还是线下，母婴行业都陷入了举步维艰的境地。

再加上母婴市场的变化速度太快，消费者的消费习惯与消费方式多种多样，传统的母婴零售方式已难以满足新一代母婴消费群体的需求，传统母婴行业不得不转型、升级。新零售时代的来临，线上与线下的结合正好为母婴行业变革营销模式提供了契机。

那么，新零售环境下，传统母婴实体店应该从哪些方面着手变革呢？

（1）将母婴卖场变成乐园，让店员变成母婴达人，热情、真诚地与顾客分享专业的母婴知识，为顾客提供一种情境化的消费体验。在卖场内形成一种关爱母婴的文化氛围，与新生儿妈妈交流哺育经验，传播育儿知识，以增强新生儿妈妈的黏性，积聚粉丝。通过环境的塑造来激发消费者的购物欲望，推动母婴店铺从品牌店铺朝品类店铺发展、转变。

（2）母婴实体店要立足于专业、体验、服务，增强与顾客的互动。无论电商、微商以如何火爆的态势发展，都难以满足母婴消费者的体验需求。在注重消费者参与的体验时代，母婴零售店的粉丝数量与收益额成正比例关系，通过互联网，年轻人更容易找到与自己兴趣相契合的圈子。在此条件下，母婴店铺可以对产品、渠道进行重新规划，创新商品陈列，打造一种乐园式的购物空间，提升店铺的核心竞争力。

（3）借助移动互联网，利用先进技术，将实体店打造成"实体＋智能"的数字店铺，以互联网为主线，打造一种线上线下相融合的全渠道O2O商业模式，以完成传统母婴店铺的终极改革目标。

母婴新零售建立在大数据的基础之上，母婴实体店在变革的过程中要明确自己的营销战略，对资源进行整合，将品牌商、服务商串联起来形成一个完整的闭环。为了迎接母婴新零售时代的到来，母婴店铺的经营者要积聚丰富的资源，理念、技术、资金、人才、数据管理、门店运营等资源必须完备。

现如今，线上与线下的融合已成大势所趋，母婴新零售时代已经来临。

在母婴新零售时代，母婴电商与母婴店商的关系已由冲突与被冲突转向了融合、整合，借助精准化的大数据与精细化服务增进对消费者的了解，满足消费者的需求，以实现消费升级。同时，母婴零售商也能通过对消费数据的预测控制生产，实现零售升级。对于母婴新零售来说，这才是核心意义所在。

母婴行业有广阔的发展前景，新零售是其变革、转型的重要突破口。在新零售时代，传统母婴行业必须变革、转型，才能更好地发展。

▌传统母婴门店的运营痛点及解决方案

根据我多年来的观察与咨询实践，笔者认为传统母婴门店在运营方面存在四大痛点：

（1）母婴产品种类太多，管理困难。同时，母婴行业的市场环境与消费者的消费习惯变化太快，母婴商家跟不上发展节奏。

（2）母婴店铺的运营成本太高，且不能有效地整合资源，导致商品滞销，积压严重，流动资金不足，发展速度缓慢。

（3）缺乏科学的管理方法，店员管理、会员管理效果不佳，形成了恶性

循环，母婴门店难以实现持续发展。

（4）传统中小型母婴门店缺乏创新意识，促销方式一成不变，难以吸引顾客进入。

在这种情况下，母婴门店必须紧抓新零售的机遇改变营销方式，而母婴新零售具备母婴行业独有的属性，大多数母婴门店开展的都是区域化商圈销售，其优势有三点：

★相较于电商来说，商圈母婴门店更容易保障产品质量，再加上商圈销售多面向会员、熟客，产品销量比较稳定。

★现阶段，母婴门店面临的市场竞争异常激烈，商圈母婴店可以通过为客户提供各种体验服务，比如宝宝游泳、按摩等来打造差异化竞争优势，提升竞争力，吸引更多客流。

★顾客下单之后，商圈母婴店可在短时间内安排送货，为商圈用户提供更便捷的服务。

比如，某新生儿父母因出差不在家，又急需为孩子购买一些用品，家中老人对母婴用品又不熟悉，这位新生儿妈妈就可以通过微商城在经常购买母婴用品的母婴店下单，母婴店会在最短的时间内将商品送到顾客家中，为顾客提供便捷、优质的购物服务。

母婴新零售就是传统的母婴零售商朝新型母婴零售商转型的过程。母婴新零售，线上与线下融合，一方面，消费者可以在线下体验产品与服务；另一方面，消费者可以享受线上便捷的下单、配送服务。随着母婴新零售时代的到来，传统母婴门店不得不改革、转型。在此背景下，传统商家必须快速反应、紧抓机遇，吸引更多顾客进店消费，增强自己的竞争优势与竞争力，以在激烈的市场竞争中获胜。

现阶段，受传统零售思维的影响，很多母婴店经营者有改革意识却迟迟不能落实改革策略，其原因在于需要改革的点太多，零零散散地进行改革根本无济于事。

A. 仅凭借建立消费者档案、推送促销信息来维护会员、管理会员是不够的，会员管理要有长远的计划，要从引流、促活、拉新、留存、拉量、口碑6个方面出发，面向不同阶段的不同会员制定有针对性的营销推广方案。

B. 店员没有明确的工作目标，执行力不足，提成激励策略不能发挥出应有的效果；店员懒散，难以被店长带动起来，团队目标不能有效完成。面对这种种问题，母婴店铺的经营者必须科学地设置目标，建立激励机制，以做好店员管理。

C. 调整母婴店铺的品类结构。母婴店铺要以消费者的消费习惯与消费力度为依据对品类结构进行调整，科学设置利润产品与通货产品的比例。

D. 创新促销模式。母婴店铺要摒弃打折、买赠等促销模式，提升资源整合能力，增强抱团取暖意识，以提升自己的竞争力。

制订基于阶段性经营目标的促销方案

随着母婴电商的迅猛崛起，以及2016年10月1日国家食药监管局开始实施《婴幼儿配方乳粉产品配方注册管理办法》，我国母婴实体店面临的生存发展环境越发严峻。由此，如何有效进行营销落地、实现销售转化，便成为新零售时代传统母婴店关注的重要内容。

进行营销落地，首先要精准定位母婴店的阶段性经营目标。根据发展阶段的差异，可将母婴店分为新开店、老牌店和连锁店三种类型，每种类型的阶段性经营目标有所不同。比如，对新开设的母婴店来说，最紧要的事情是突破盈亏平衡点（Break Even Point）成功存活下来，因此其阶段性营销目标是通过各种促销手段"拉新"，培育和积累自己的顾客群。店铺的资源配置、商品结构等都要为"拉新"这一目标服务。

对于已经在母婴消费市场中站稳脚跟的老牌店来说，经营重心则是巩固已有的市场份额、建立独特的竞争优势，保证营销业绩的持续性和稳定性。至于那些成长为区域市场龙头的母婴连锁店，其经营目标则是打破区域市场限制，拓展更大的市场空间，与迅猛发展的母婴电商进行"全渠道竞争"。

WBS（Work Breakdown Structure，工作分解结构）法则指出，将总目标

分解为直观可见、易于管理的阶段性小任务，更有助于最终目标的顺利落地。对母婴实体店来说，则要根据不同成长阶段面临的困难和经营目标，结合母婴产品零售的特点和各种影响因素，构建合适的数理模型和最优的实现路径；然后整合店铺资源和各种营销方法，将阶段性目标分解为具体人的具体任务，并通过针对性的微调，保证店铺始终处于最优实现路径。

促销方案是进行营销落地的有力支撑，下面我们从拉新激活、留存复购和促活分享三个维度出发介绍一些常用的促销方案。

◆拉新激活

即获取新用户并将这些用户转化为店铺实际消费者。

（1）免费派样。通过免费派送商品的方式获取新用户。比如，向打幼儿预防针的家庭免费派样，借此获取这些家庭用户的基本信息；与月子中心或早教机构合作，通过赠送礼品的方式获取目标用户信息；与母婴品牌厂家联合举办主题活动，在此过程中收集母婴用户信息。

除了线下地面推广，线上营销同样可以采用免费派样的方法获取用户信息。比如，母婴店构建自身的微信商城，针对某地区的母婴用户在朋友圈中开展"0元试用"的派样活动，借此获取母婴家庭的住址、收入水平、联系方式、宝宝出生日期、产品使用情况等多种信息，为后续的用户精准画像提供有力支撑。

（2）新人特惠。新人特惠活动是很多商家经常使用的"拉新"手段。母婴实体店可以通过提供某种专享特惠的方式鼓励到店顾客成为自己的会员用户，如注册会员卡的新用户可享受首次购买婴幼儿奶粉满100减50的优惠，或者将消费频次较高的部分品牌的奶粉、纸尿裤、婴幼儿辅食等产品以极低的价格甚至免费的方式用于新人专享特惠。

（3）限时优惠券。免费派样、专享特惠等只是鼓励进店消费者注册成为店铺新会员，接下来母婴店还应通过限时优惠券等促销活动保持新用户的黏性，将他们转化为店铺商品的真正购买者。比如，母婴店可以在新用户注册时赠送88元的优惠券，只要一个月内在店铺购买指定商品便可使用；如果是线上渠道，则可以将纸质优惠券变为特定商品的电子券。

◆ 留存复购

留存与复购，就是通过促销手段提高顾客的店铺忠诚度，让老顾客愿意再次到店重复消费，从而保证店铺经营发展的稳定性和持续性。

（1）签到积分。主要是学习电商平台的做法，通过会员积分的方式鼓励用户进店签到，在积分达到一定数额后可用于兑换礼品或抵现消费；或者在节假日、店庆等促销活动期间，对经常签到的高黏性用户给予专享优惠奖励。对于签到积分行为，母婴店应制定明确清晰的规则，并利用极具诱惑力的奖励优惠吸引顾客进店签到，达到顾客留存复购的目的。

（2）限时秒杀。即母婴店不定期地通过短信、微信、广告传单等方式告知老客户店铺将进行限时特价促销活动，通过为顾客提供"意料之外"的惊喜激发他们再次进店消费的欲望。比如，6月1日当天前100名到店的会员客户将享受某品牌奶粉原价80元、秒杀价10元的优惠。

（3）套餐推荐。很多初为人母的年轻妈妈在育婴方面常常会遇到很多困惑，十分希望能获得专业育婴指导。这种情况下，如果母婴店对会员顾客的购物记录、消费反馈、与店铺导购人员的交流信息等进行挖掘分析，精准把握顾客的潜在诉求，然后向顾客推荐最适宜的母婴产品和服务套餐，则必然更容易赢得顾客认可，激发他们的购买欲望。

◆ 促活分享

母婴店的主要消费人群是妈妈群体，具有天然的社群属性，这使得口碑分享传播成为母婴店十分重要的营销推广路径。因此，母婴店的营销动作不应在顾客完成交易后就终止，而要继续通过多种方式鼓励顾客分享自己的母婴产品和服务体验，获取口碑传播效益。

（1）妈妈圈集赞。即母婴店鼓励顾客将购买的产品分享到朋友圈，当该条动态的点赞数达到一定数量（如50次）后，可以获得返现、实物礼品或其他奖励，从而通过顾客的分享行为实现店铺商品的二次传播。

（2）妈妈拼团购。妈妈群体具有很高的社交活跃度，也乐于彼此分享。基于此，母婴店可以实施"拼团购"的促销方式，既降低每位顾客的实际消费成本，又充分满足妈妈们的社交分享欲望。对母婴店来说，则不仅可以获得更大的销售业绩，还能通过顾客分享实现二次传播，扩大店铺的目标客群。

（3）"老带新"返利。这也是母婴店常用的促销手段，其具体形态多样，如"老带新"返现、赠送礼品、给予老顾客一定的购物优惠等。这一促销方式既可以帮助母婴店获取更多新客户，实现"拉新"，又能增强老顾客的店铺黏性，实现留存复购。

建立基于用户行为的母婴店数理模型

根据"万物皆数"的哲学理念，母婴店经营也可以基于对区域市场内的用户群体分析构建某种数理模型，直观获取影响门店经营的因素。下面我们就介绍四种母婴店经营的数理模型，为母婴店提升经营能力提供有益借鉴和启发。

◆投资期望模型

公式：期望利润能力＝［交易人数 × 商品客单价—（商品成本＋人员成本＋装修成本＋房租成本＋水电成本＋税务成本＋广告成本＋其他成本）］÷时间周期

这是所有实体零售店最基本、也是需要首先考虑的数理模型，其本质是创业初期想要最终达到的理想财务目标。就母婴实体零售来看，毛利润是店铺中购买商品的实际人数与商品客单价的乘积，门店运营成本则包括商品批发成本、门店租金和装修成本、员工工资成本、水电杂费成本以及税务、广告等其他费用支出。

此外，经营者要对母婴店达到预期利润目标的时间周期具有明确认知，特别是不能想当然地认为创业就能赚钱，而要充分考虑到实现盈利目标需要付出的时间成本等诸多因素。

◆顾客人数模型

公式：交易人数＝（0 到 3 周岁出生人数 × 门店服务空间半径 × 门店服务时间）÷ 区域门店数量

母婴店要实现利润目标，就必须吸引更多目标顾客进店交易，这又涉及目标消费客群的定位问题。通常来讲，母婴店的主要服务对象是有 0 ~ 3 岁婴幼儿的家庭，即拥有0~3周岁宝宝的家庭才是母婴店应该大力争取的对象。对此，母婴店可以通过国家往年人口普查数据、咨询当地妇幼保健医院、日常工作生活观察等多种方式获取相关数据信息，对本地区的往年出生率和出生人口分布状况进行有效分析。

在实际经营中，母婴店还应充分考虑区域市场的竞争环境。区域市场中的顾客规模是相对稳定的，因此该区域内的母婴店数量越多，平均分配到每个店铺中的顾客人数就越少。至于母婴店的经营能力，则可以从门店服务空间半径和服务时间进行分析。服务空间半径就是母婴店可以覆盖到的服务区域（商圈半径），一般较为固定，但也可以通过提供送货上门服务等方式进行拓展。

服务时间则主要围绕消费者的行为习惯确定，需要母婴店具有敏锐的客户洞察力。比如，在周一到周五白天工作时间进店的顾客，可能是收入水平很高且有较多闲暇时间的高消费人群，他们是高端母婴产品的主要消费者；而下班之后几个家庭成员一起出来逛母婴店的，则多为白领家庭，他们在母婴产品选购上更倾向于经济型。

此外，在轻松愉悦的节假日和在下班之后逛街购物，人们的消费心理、消费行为和消费选择等也会有所不同。因此，如果母婴店可以根据目标客群在不同时间维度的消费特质对商品和服务进行有针对性的优化调整，也会有助于增加店铺交易人数。

◆ **商品客单价模型**

公式：商品客单价＝商品毛利润 × 消费频次 × 商品调整能力 ÷ 竞争因素

从利润获取的角度来看，可将母婴店的商品分为引流产品和利润产品。一些大品牌的奶粉、纸尿裤等高消费频次产品，由于价格已十分透明，利润空间有限，通常被母婴店用于引流，进行低价甚至亏本销售。之后，母婴店会通过多种营销手段将顾客转化为利润产品消费者，如能带来可观利润的其他款的奶粉、纸尿裤，或者鱼肝油、保健品、童车玩具等长尾产品。母婴店的商品毛利润就是引流商品毛利润加上利润商品毛利润。

消费频次上，母婴店顾客消费频次的影响因素有两点：一是商品本身属

性，如奶粉和纸尿裤是所有母婴消费者都会经常购买的高频次产品，玩具、童车等的消费频次则要低得多；二是母婴店的服务和口碑，若店铺通过定期回访提供专业性的育婴知识，为顾客带来独特服务和价值，形成良好的口碑传播与分享推荐，则对提高商品消费频次也将大有助益。因此，消费频次＝引流款（人有我优）＋定制款（人无我有）＋服务能力（我优我特）。

同时，一些规模较大的母婴店还应搭建统一的会员平台，以便获取门店顾客的商品购买和评价反馈信息，进而通过对这些反馈数据的深度分析找到经营中的不足之处，及时对门店商品进行调整优化，从而更好地满足消费者对母婴产品的多元化、个性化诉求。

此外，面对激烈的市场竞争以及母婴电商的强力冲击，如何取一个易记易传播的店铺名、打造门店特色商品、实现差异化竞争、降低消费者的品牌认知与传播成本等，也是各母婴实体店必须着重考虑的内容。

◆ 用户转化漏斗模型

路径：关注人数→到店人数→体验人数→交易人数→分享人数

母婴店特别是新开店首先要通过各种方式吸引人们的眼球，让更多母婴消费者关注自己。比如，通过婴幼儿打预防针、品牌推广活动、广告投入、微信平台、58同城等线上线下多种渠道触及目标消费人群。

到店人数方面，由于营销资源的有限性，母婴店应选择最适宜的传播渠道，让有限的营销资源发挥出最大的传播价值。比如，针对"85后""90后"新一代父母喜欢在移动互联网中获取各种信息、进行社交互动的特点，母婴店可以融入本地移动社区平台、在微信中开通店铺官方公众号，通过与用户的持续深度交互，吸引更多母婴消费者进入自己的店铺。同时，母婴店还应精准刻画用户画像，对广告投放期进店人数与销售业绩的关系进行数据分析。

体验人数和交易人数的影响因素则包括门店格局、商品的POP（Point Of Purchase，卖点广告）、休息区和护理区的设置、店员服务态度和水平、样装的发放等方面。母婴店还应特别关注用户间的口碑分享行为，因为作为母婴消费主体的妈妈群体，是一个乐于彼此分享的女性社区，这使得口碑分享成为提高店铺知名度和影响力、促成更多交易的重要营销方式，需要母婴店采取多种激励机制推动用户进行良性的口碑分享推荐。

▌母婴实体店如何构建O2O生态闭环

随着互联网的迅猛发展，母婴实体店铺受到了巨大冲击，传统的销售方式被颠覆，越来越多的消费者开始朝线上转移，传统线下实体店的客流量骤减。

再加上相较于母婴电商来说，母婴实体店的运营成本要高很多，除了巨额房租、店面装修维护费用之外，还有各种琐碎的管理费用，人工费用等。母婴实体店为了维持运营不得不采取价格促销战略，而价格促销又会使店铺利润缩水。除此以外，母婴连锁门店的总部与分门店沟通不畅，总部经营者难以与消费者直接沟通，导致信息交换迟滞，降低了母婴实体门店的运营效率。受这种种因素的影响，母婴实体门店的运营陷入了生存困境。

现如今，业内都在谈论互联网对母婴实体店的冲击问题，那么，在互联网环境下，母婴实体店到底哪里受到了冲击？母婴实体店业绩下滑的真正原因是什么？在互联网迅猛发展的环境下，母婴实体门店要如何与互联网结合才能成功立足、持续发展？

互联网对母婴实体店的冲击在于：以互联网为媒介，用户与信息流建立了点对面的连接，通过互联网，用户能获知某一产品所有商家的信息，并能对产品的生产过程、原材料等信息做出全面了解，行业信息透明化。同时，随着移动互联网的发展，消费者越来越喜欢网上消费，除了急需物品之外，消费者很少在线下实体店购物，导致母婴实体店的客流量越来越少，交易额直线下降。

在这种情况下，母婴实体店丧失了诸多优势，比如，与顾客面对面沟通的优势等。另外，由于母婴实体店的客流量越来越少，导致店铺的单品销量越来越差，产品的周转率逐渐降低，原材料与供应链端的成本逐渐增加，生产效能逐渐下降。简言之，就是母婴实体门店面临着巨大的危机，经营者必须寻找新的突破点绝境求生。

在移动互联网迅速发展，网络信息逐渐完善的背景下，通过手机，用户能随时随地获取新信息。也就是说，在当今社会环境下，信息传播已从传统的纸媒、电视媒体、户外广告转移到了移动互联网领域。相较于面对面聊天来说，人们更愿意通过微信、QQ、微博等移动社交平台与人沟通、交流。

在互联网已深入融入人们日常生活的情况下，对于母婴实体店来说，与互联网结合已超越"是"与"否"的问题，已成为母婴实体门店不可忽略的重要发展因素。为此，母婴实体店必须为自己所处区域的用户提供优质的服务，最大限度地将用户的消费潜力挖掘出来，将线上与线下结合起来，实现"互联网营销"与"实体服务"双腿并行，构建完整的O2O生态系统。

在这种环境下，母婴实体门店要摆脱单纯的销售，朝体验式销售、深度服务转型，而用户进店的目的也不再只是产品购买，而是朝着产品体验、了解产品、提取货物、享受售后服务等方向扩展。这样，母婴实体门店的服务功能将得以进一步增强。

（1）实体门店与虚拟店铺对接。母婴实体店铺的员工拥有自己的网络店铺，非上班时间也能销售产品，24小时为顾客服务，弥补了传统实体门店因闭店无法继续销售的缺陷。另外，母婴实体店铺的员工还可以在货架上张贴店铺的二维码，用户只要扫码就能进入网上店铺，足不出户就可购买商品，并享受送货到家服务。

（2）门店升级，功能多元化。母婴实体门店要对硬件进行智能化升级，为门店增添资讯、体验、展示等功能，从各个环节为用户进店提供便利，提升用户的进店率。

（3）激励用户分享。母婴实体店铺可以用额外的物质奖励刺激用户在微信、QQ等社交平台对所购买的商品信息进行分享。根据用户的产品购买信息数据对门店的产品备货数量进行合理调控。

（4）增添异业联盟。如果母婴实体门店位于社区内，为了提升用户的进店率，增加消费机会，这类母婴门店还可以增加一些快递收发业务，比如加入菜鸟联盟等。

（5）以大数据分析对店内产品销售进行指导。母婴实体店铺在自媒体上定期开展产品调查，收集用户意见与建议，以此为依据开发新产品，对旧产品进行升级。同时，母婴实体店铺还要开放平台，接受用户预订，以用户预订的数量为依据确定产品生产数量及产品售价。

（6）打造半径商圈服务。母婴实体店铺要扩大自己的商圈服务范围，从3千米扩展到5千米，乃至整个城区。同时，母婴实体店还要发展网络经销商，增加单件商品销量，推行口碑传播，提升进店率，增加到店消费人数，形成O2O闭环。

第18章　大数据时代母婴零售的新玩法

▌大数据时代下的母婴产品与服务创新

作为母婴主流消费群体的"80后"及"90后"开始崛起，再加上我国二孩政策的正式落地，万亿级母婴市场成为社会各界关注的一大焦点自然就是一件十分正常的事情。以宝宝树、妈妈网、辣妈帮、太平洋亲子网为代表的各路母婴玩家，纷纷加快自身布局，争取在短暂的窗口期夺得战略制高点。

不同的母婴企业采用的发展模式存在着一定的差异，有的专注于海外品牌特卖，有的以黏性较高的母婴社区探索社交电商，有的则同时布局线上与线下探索母婴O2O。然而母婴市场一片火热的同时，也出现了各种各样的问题，比如，假冒伪劣商品横行、同质化竞争、价格战泛滥、盈利能力较弱等。

造成这些问题的因素虽然是多方面的，但当我们对母婴企业进行分析时，可以十分清晰地感受到从业者仍在沿用传统的思维模式，对于能够给母婴行业带来颠覆性创新的新技术、新模式缺乏足够的认识。事实上，我们已经迎来了一个大数据时代，在新时代背景下，母婴从业者亟须找到一条全新的破局路径。

◆母婴信息及产品的数据化

目前与母婴产品及服务相关的信息更多的是以帖子、公众号文章的形式存在，这种碎片化的内容很难在用户有相关需求时被高效精准地发掘出来。

所以，很多时候人们需要耗费大量的时间成本才能获取自己想要的内容，当然，有的人会向社群中的意见领袖咨询，有的人则选择向自己身边的朋友、同事寻求帮助等。但从整体上看，母婴行业尚不存在能够让消费者方便快捷地获取母婴专业数据的信息服务。

很多孕妇在怀孕初期经常会遇到类似问题：怀孕 5 周，检测结果显示，HCG 值为 50 MIU/ML，孕酮值 9 ng/ml，同时存在腹痛情况，她们会担心这是不是属于先兆流产。如果此时能够将经过专业处理的同区域和该孕妇年龄相近的孕妇的检查数据，提供给孕妇进行参考，能够让她们在去医院看医生前缓解心理压力。这种将母婴数据应用到现实生活中的场景呈现多元化，将对现有的母婴行业产生深远影响。

需要注意的是，母婴市场中的信息主要是半结构化的数据，在挖掘其潜在价值方面，对中小企业提出了不小的挑战，让中小企业能够像百度、谷歌等巨头一般处理海量的数据信息是不切实际的。更为可行的解决方案是，企业从产品设计的维度出发，对用户反馈的内容进行结构化与数据化，从而提取出一些标签化数据，然后通过引入数据化运营模式来对自身的产品进行优化调整，最终为消费者提供更为科学完善的数据服务。

◆ 预测、大数据、软硬结合

数据化运营思维的引入会使企业对数据价值的认识进一步提升，但是在发展初期，最为关键的是能够发掘出被用户认可的应用场景。实践过程中，母婴企业可以针对行业存在的痛点来开发相应的数据挖掘模型。比如通过大数据分析来预测怀孕、及时发现婴儿畸形问题等，都是企业可以探索的方向。

当然，在实际应用过程中，企业往往需要同时搜集并分析多个维度的数据。以帮助女性提高受孕概率的平台 Ovuline 为例，Ovuline 会搜集用户的体温、体重、月经时间、近期服用药物等，来帮助用户提升受孕概率。在用户怀孕期间，平台会搜集用户的体重、血压、饮食、运动量、睡眠状况及情绪

波动等数据，来帮助用户预测潜在的健康问题。

从 Ovuline 官方公布的数据来看，平台用户的受孕概率达到了全美平均水平的 2 倍，成功帮助数万名女性成功受孕，这是成功发掘数据价值的典型代表。在这个过程中，企业需要通过特定的设备来获取更具价值的数据。Ovuline 目前正在开发一款怀孕跟踪器设备，使用这款设备后，能够将用户的体温、体重、心率、血压、运动量等相关数据实时上传到云端服务器中，从而使 Ovuline 能够为用户提供更为科学精准的数据服务。

可以预见的是，随着传感器、可穿戴设备等移动智能硬件产品的推广普及，能够被搜集到的用户数据会越来越多元化，获取数据的成本也会越来越低，这就为企业提供更为精准的数据服务提供了强有力的支撑。当然，随着母婴数据产品及服务的市场认可度越来越高，传感器、可穿戴设备等各种硬件产品也会迎来快速增长阶段。

▌精准定位：建立品牌的市场竞争优势

互联网信息技术的快速普及导致了社会数据量的爆炸式增长，再加上云计算技术的发展成熟，人类社会已然进入一个全新的大数据时代。作为近两年备受瞩目的内容，大数据正逐渐向各领域渗透，并对传统的行业运营和管理思维造成了巨大冲击颠覆。

大数据展现出的巨大价值想象空间，也使越来越多的母婴行业管理者开始探索大数据在母婴领域的融合应用。如何利用大数据有效提高母婴店的经营管理水平，从而在日益激烈的母婴市场竞争中建立优势，已成为当前很多母婴从业者关注思考的重要议题。

大数据的真正价值不是对庞大复杂数据的计算，而是能够挖掘出海量数据背后隐含的有关消费者、市场、竞争对手乃至整个行业的各种信息，从而帮助企业有针对性地优化提升经营管理水平，获取更多商业效益。

精确的市场定位是品牌成长发展的基础，而对品牌的成功定位又离不开基于大数据的市场调研和数据分析的有力支撑。

就母婴领域来看，相关企业要想在竞争日益激烈的母婴市场中占据一席之地，就必须树立大数据思维和战略，通过拓展市场调研的深度与广度，全面获取母婴行业的市场结构、细分市场特征、消费者需求及变化、市场竞争态势等诸多信息，进而通过大数据采集、处理和分析，制订最佳的问题解决方案和品牌运营路径，并实现精准个性的品牌市场定位，赋予自身品牌独特价值，从而获得消费者与整个行业的认可。

母婴企业计划进军某一区域市场时，首先要进行项目评估和可行性分析，以判断自身是否适合进入这一市场。如果适合开拓这个区域市场，那么接下来企业就要对该区域的人口规模、消费水平、目标顾客的消费习惯与偏好、市场对自己产品和品牌的认知与认可度、市场供需状况、竞争对手情况等各方面信息进行调研。这些调研信息就是该区域母婴市场的大数据，是企业进行大数据分析、实现精准个性品牌市场定位的基础。

新市场的开拓常常需要企业投入大量的人力、物力和精力，若市场定位不成功或出现偏差，那么就可能使市场拓展计划遭受挫折甚至失败，给企业带来巨大损失。因此，精准合理的品牌市场定位是母婴企业开拓新市场的重要支撑。

只有市场定位精准，企业才能明确目标消费群体，打造出能充分满足市场需求的产品体系，建立品牌的市场竞争优势。精准合理的市场定位离不开对海量行业信息数据的采集分析。传统的数据收集方法主要包括统计年鉴、行业管理部门数据、行业报告、专家意见和市场调研等。这些方法获取的数据信息存在样本规模小、时间滞后、准确度低等缺点，容易造成数据分析结果与行业市场真实情况出现较大偏差，从而使企业难以实现精准的市场定位。

与此不同，大数据技术应用则能获取海量的行业市场信息数据，并通过构建大数据分析数学模型对当前及未来市场的发展状况进行全面准确的分析预判，从而帮助企业实现精确的品牌市场定位。

▌数据运营：实现母婴企业精细化管理

◆大数据成为母婴行业市场营销的利器

从搜索引擎、社交网络到智能手机等移动终端，互联网信息规模呈现出爆炸式增长：Facebook、Twitter、微博、微信、贴吧、论坛、新闻评论、电商平台等场景中每天产生的文本、图片、音频、视频等各种数据信息多达上百亿甚至上千亿条，内容覆盖到商家信息、个人信息、行业资讯、产品使用体验、商品浏览与成交记录、产品价格动态等各个方面。

对这些海量数据的有效提取和挖掘可以形成母婴行业大数据，进而通过大数据分析为母婴行业市场营销提供科学客观的数据支撑。具体来看，市场营销中对产品、渠道、价格、顾客等要素的准确把握，离不开有效的大数据采集与分析，以下两点更是母婴行业市场营销成功的关键：

（1）基于大数据收集分析全面了解目标市场状况，如市场竞争态势、竞争对手优势和不足、自身产品的市场定位等，实现"知己知彼"，提高市场营销的精准性。

（2）通过对积累的母婴消费者档案数据的深度挖掘分析，帮助市场营销人员精准刻画顾客画像，了解目标消费者的行为特质、价值取向、消费需求和偏好等信息，实现精准个性的信息、产品与服务推送，提高消费者的企业忠诚度。

以顾客的消费行为和兴趣偏好为例，主要包括消费者购买母婴产品的支出状况、选择的产品渠道、青睐的产品类型、产品使用周期、购买目的、家庭状况、工作和生活环境、个人消费理念和价值取向等多方面信息。如果母婴企业在日常经营活动中注重这些消费者数据信息的收集、积累和整理，便可以建立消费者大数据库。

通过对大数据库中各维度数据信息的有效分析处理，企业能够获取目标顾客的消费需求、行为特质、消费偏好以及自身产品的口碑反馈等内容，从而及时调整优化市场营销方案，制定更具针对性的营销战略，围绕消费者需求和体验实现精准营销，获取更大的营销价值。从这个意义而言，大数据能够成为母婴行业市场营销的利器。

◆**大数据支撑母婴行业收益管理**

大数据对母婴行业收益管理也具有重要价值。收益管理是追求收入最大化的经营管理技术，是将合适的产品或服务在合适的时间、以合适的价格、通过合适的渠道销售给需要的顾客，从而实现企业收益最大化。收益管理包括三个关键环节，即需求预测、细分市场和敏感度分析，而这三个环节的有效开展离不开大数据的支撑。

需求预测是基于大数据统计分析，构建科学预测的数学模型，帮助母婴企业获取未来母婴行业市场的潜在需求信息，并准确预测细分市场中的产品销售状况、产品价格趋势等内容，使企业可以根据市场供需状况进行精准合理的产品动态定价或差别定价，获得最大收益。需求预测有助于企业管理者对母婴行业市场进行合理准确的前瞻性判断，从而根据不同的市场波动周期将合适的产品以合适的价格投入市场，获取更多潜在收益。

细分市场主要是基于母婴行业市场需求预测制定并及时更新产品价格，通过不同细分市场的差别定价实现各细分市场收益的最大化。敏感度分析则是通过对需求和价格弹性的分析，对不同细分市场的产品价格进行优化微调，挖掘出各细分市场更大的潜在价值。

需求预测、细分市场和敏感度分析的推进是以足量的数据信息为基础的。传统数据分析方法的关注范围多局限在企业内部，主要是对企业自身历史数据的收集分析，而忽略了母婴行业整体市场的相关数据，容易造成预测结果偏差。

大数据则为企业收益管理提供了更大的想象空间和更坚实的支撑。在收集自有数据的同时，利用自动化信息采集工具获取整个母婴行业的各方面数据，使母婴企业对自身和整体行业市场都有全方位了解，从而为制定合理有效的收益策略提供科学客观的数据依据。

◆**大数据创新母婴行业需求开发**

大数据时代，论坛、博客、微博、微信、电商平台、点评网等各类社交媒体的发展普及，使人们的信息分享行为更为便捷自由，并由此形成了"网络评论"这一公众主动进行信息分享的舆论形态。大量网络评论形成的交互性大数据，为挖掘相关市场潜在需求提供了巨大的想象空间和可能，需要企

业管理者的高度重视。

网络评论最初源于互联网论坛，是网友之间交互沟通的社交平台。在微博、微信、论坛、点评网、电商等平台中，人们经常能看到某个产品的使用体验信息，如产品的优点、缺点、功能需求、质量好坏、美观性、款式样式等内容的点评信息，这些评价内容是产品需求大数据的主要来源。同时，消费者对产品、品牌和企业的评价不仅越来越专业、理性和客观，而且评论渠道也更加多元。

对母婴企业来说，可以通过广泛收集母婴行业消费评论数据建立网络评论大数据库，然后利用大数据分析全面精确获取目标顾客的消费行为、消费偏好、价值取向、尚未满足的潜在需求或新需求、自身产品质量反馈等众多内容，进而有针对性地优化创新产品体系、制定适宜的产品价格、提高服务质量，实现更合理的产品布局，获取更多收益。

大数据时代，母婴企业必须改变以往的经营管理模式，积极利用自动化数据信息采集软件收集、积累自身和整体母婴行业的相关数据，建立大数据库，并通过大数据分析实现精确的品牌市场定位、精准营销、成功的收益管理和潜在的市场需求开发，从而提高自身的市场竞争力和收益水平，在竞争日益激烈的母婴市场中站稳脚跟。

大数据在母婴电商企业中的应用实践

◆ 孕期下游价值拓展

孕期市场和婚恋市场存在着很多相同的特征，其中最为显著的特征就是，二者的用户以非周期性新用户为主。所以，企业想要获取更多的价值，可以针对现有用户，来开发婴童早教产品等孕期下游产品及增值服务。妈妈群体在怀孕前、怀孕中及孩子出生后，对加入的社群、使用的产品通常会有较高的黏性。具体到孕期下游市场，早教、玩具、母婴培训等细分领域都存在着巨大的探索空间。

从母婴社区切入母婴电商市场的宝宝树推出了多媒体付费杂志早教产

品"米卡"。这款产品中含有光盘、玩具、故事绘本、互动游戏、家长手册等。在未转型母婴电商模式前，米卡为宝宝树创造的收入占据公司总营收的30%。

此外，本地化生活服务同样存在着广阔的探索空间，母婴企业可以从现有的月嫂、二手玩具交易，向市场体量与规模更大的家政、电商市场转变。以妈妈网为例，目前，妈妈网已经从提供亲子、育儿信息服务的母婴垂直类社区成功转变为提供家装、亲子旅游、母婴特卖及消费打折等诸多板块的本地化妈妈生活资讯类社区。

市场中也存在着以大姨妈为代表的探索孕期上游价值的玩家。以大姨妈为例，大姨妈作为一款日活跃用户超过 500 万人的经期健康产品，它能够在更早的时间节点吸引目标用户，通过对用户上传到平台中的数据进行分析，大姨妈可以及时找到那些怀孕的用户群体，并在后续过程中为其提供各种孕婴产品及增值服务。

◆重新定义安全敏感类商品的电商模式

作为电商引流的一大重要手段，电商导购无疑具有十分广阔的探索价值，大量创业者及企业的涌入，使电商导购市场竞争格外激烈。现在虽然电商导购在孕婴电商领域的应用十分普遍，但由于孕婴市场的特殊性，导致其电商导流存在着明显差异。

孕婴电商最为显著的特点便是其产品的特殊性，孕婴品牌数量繁多，而且消费者对产品的安全性要求极高，类似奶粉、纸尿裤、护肤品、孕期药物等产品如果质量出现问题，对企业会是十分严重的打击。

在购买孕婴产品时，消费者并不是一味地关心产品价格，或者是品牌知名度，会综合考虑产品品质、安全性等多种因素。在消费者进行决策过程中，一个安全可靠的良性口碑往往能够产生十分关键的影响。

这种口碑并不是由大量用户的一致好评而产生，更多是源自于一个高黏性、可信赖的垂直社群。对垂直社群中的个体消费决策产生直接影响的，一方面是社群中的意见领袖；另一方面则是社群成员广泛参与讨论而获得的集体智慧。

这种背景下，母婴电商模式和普通的电商模式自然会存在一定的差异性。

移动互联网时代的电商需要采用数据化的运营思维、更为高效灵活的供应链体系、围绕社区构建的消费体系等，从而为用户提供更为全面、真实的参考数据，更为安全、健康、高性价比的产品，而当下的母婴电商所欠缺的正是这些元素。

◆社区达人的认证及分级管理

在母婴电商这个颇为特殊的垂直市场，社区达人体系的构建无疑具有十分关键的作用。为了确保社区达人有较高的权威性，母婴电商需要建立严格的认证标准。如何对达人进行分级？如何对不同层级的达人进行管理？如何协调平台与达人的利润分配等，都是母婴电商从业者需要思考的问题。

虽然在母婴电商市场中尚未有玩家在这方面进行探索，但从社交媒体的达人申请标准及分类体系，直播平台的 VIP 等级制度，电商平台所采用的会员积分制度中，都存在着很多可以借鉴的经验。当然，母婴电商从业者还需要结合企业的实际发展情况，来构建出适合企业长期发展的社区达人认证体系。

基于大数据的母婴电商引流运营攻略

移动互联网时代，母婴电商已经成为创业者及资本市场关注的一大热门领域。母婴电商的崛起，使人们能够在母婴店以及购物中心等线下渠道购物的同时，也能通过智能手机在线上渠道随时随地购买满足自身需求的商品。

从用户的视角来看，作为母婴产品主流消费群体的"80后"及"90后"，对那些生硬冰冷的传统广告有着强烈的抵触情绪。在用户注意力被过度分散的移动互联网时代，想要通过传统的营销方式，来吸引消费者的关注已经是一件十分困难的事情。获客成本不断增加，再加上用户需求不断发生变化，导致母婴电商从业者的引流遇到了极大的阻力。

电商平台的绝大部分流量被海内外优质母婴品牌商所垄断，众多的母婴电商卖家只能争抢那些长尾流量，与此同时，电商平台的流量逐渐趋于饱和，各种付费推广项目层出不穷，效果却越来越差，中小母婴电商卖家遇到了严重的发展困境。对目标群体进行精准定位，争取实现更为高效、低成本的引流，成为母婴电商从业者亟须解决的重点问题。

母婴行业的目标群体的生命周期是有限的，没有组建家庭以及孩子超过6岁的群体基本不会关注母婴行业。所以，每隔一段时间后，母婴商家的忠实顾客就会流失，必须持续不断地引流，才能确保自身能够生存下来。而对目标群体进行精准定位，是母婴电商引流的关键所在。

母婴电商商家进行营销推广时，很难高效精准地将营销内容推广至目标群体，而且由于获客成本越来越高，营销成本也大幅度增长。而采用"大数据＋营销"能够有效降低营销成本，提高转化率。

一些数据服务商开发出的潜在消费群体发掘工具，就是在对用户社交、搜索、电商等各种数据进行深入分析的基础上，对目标群体进行精准定位，并描绘出清晰的用户画像，从而帮助企业缩小广告投放范围，实现营销内容的定制生产。下面将对利用大数据来为母婴电商引流的三个步骤进行详细分析。

◆**对产品的用户数据进行深度挖掘，并建立用户画像**

通过大数据技术来对目标群体进行精准定位，接着从中挑选出一定数量的用户作为样本，确定数据发掘的指标，比如，购买力、年龄、性别等。最后根据这些指标来对样本用户的相关数据进行发掘，从而得出一系列有较高价值的数据。下面以国产奶粉品牌君乐宝的用户数据为例来进行详细分析：

★购买力。通过对样本用户的数据进行分析，发现在君乐宝奶粉消费群体中，有82%的用户是大众消费者，考虑到价格因素对这类消费者影响较大，采用降价促销活动可以有效提高其购买欲。

★性别。通过数据分析发现，女性用户在总样本用户中占比高达88.4%，所以，在营销时可以将女性用户群体作为核心目标群体，但与此同时也要照顾到男性消费群体的需求。

★地域分布。经过对用户数据分析后，可以发现用户地域分布最为集中的地区是河北省，占比为19.1%，其次是陕西省的14.9%与江苏省的6.5%。

★圈子特征。"网购""护肤""亲子""育儿"几大关键词在君乐宝奶粉

用户群体的交流沟通中出现的频率极高，所以，母婴商家在营销时，可以选择与这些关键词密切相关的渠道及社群投放营销内容。

◆ **建立用户分析模型，依据模型精准锁定目标用户**

在掌握上述数据的基础上，可以为君乐宝奶粉用户描绘出用户模型：

★ 性别：主要是女性群体。

★ 年龄：以"80后"及"90后"为主。

★ 消费层级：主要是大众消费者。

★ 地域分布：主要分布在二线城市。

★ 关注点：网购、护肤、亲子、育儿。

根据描绘出的用户模型可以在一些流量较高的平台中，发掘出和该模型匹配度较高的目标群体。

◆ **确立定向用户数据及媒体投放建议**

对目标群体定位完成后，选择合适的关键词，比如"国产奶粉"，并在以下几种渠道中搜集相关用户数据：

★ 在综合电商平台及APP中搜集用户浏览、搜索、购买国产奶粉的相关数据。

★ 在母婴电商平台及APP中搜集用户浏览、搜索、购买国产奶粉的相关数据。

★ 在母婴社区及APP中搜集带有"奶粉""产前""新生儿"关键词的用户数据。

★ 在妈妈社群中搜集带有"新生儿""国产奶粉""一段奶粉"关键词的用户数据。

整理出定向用户数据后，便需要开始考虑如何在媒体中投放。对于君乐宝奶粉而言，可以采用定制降价促销活动来激发目标群体的购买欲，并通过对营销效果进行实时监测，从而对活动方案进行优化调整。具体来看，君乐宝奶粉品牌可以选择 DSP（需求方平台）和社交圈子作为核心投放渠道，从而实现对目标群体的精准触达。

当然，这需要营销人员具备较强的运营能力，比如，为了及时处理用户提出的各种问题，需要确保客服服务人员能够掌握活动的详细情况；为了及时对数据模型进行调整，需要对订单量、成交额进行实时统计等。

当前，母婴电商企业所面临的难题是，在移动互联网时代，消费需求越发移动化及碎片化，传统营销模式的效果越来越差，而且随着各大媒体平台的流量红利日渐消失，导致获客成本大幅度增加，为了更为高效精准地对接目标群体，实现定制营销，母婴电商企业有必要引入新技术与新模式来打破僵局，"大数据＋营销"便应运而生。

可以预见的是，随着大数据、云计算及移动互联网等新一代信息技术的日渐成熟，"大数据＋营销"将会成为未来母婴电商企业进行营销推广的一把利器。

母婴电商企业需要利用大数据技术，对目标群体进行精准定位及分析，充分发掘其潜在需求，然后辅以定制营销方案、新品开发、产品优化等方式刺激其消费需求，从而有效提升企业的盈利能力，获取更多新的利润增长点。